クレア・ブラウン
村瀬 哲司 訳

仏教経済学

暗い学問——経済学——に光明をあてる

勁草書房

Buddhist Economics

An Enlightened Approach to the Dismal Science

Clair Brown

愛と慈しみを与えてくれる家族と友人、そして
太古の昔から生命を育む母なる大地に捧げます。

日本語版によせて

私の日本での経験が、仏教と経済学について考えるにあたり、おおいに役立った。

日本の読者の皆様には、この本は、日本とその文化を深く敬愛する、しかし歴史には理解が浅い米国人が書いたことについて、まず我慢とご理解をお願いしたい。私は、日本経済について１９７０年代から、日本の主要産業と労働市場に焦点を絞って研究してきた。１９９０年代には、毎年京都に数週間滞在し、同志社大学で研究のかたわら英語でビジネス研究科の大学院生を教えた。自動車と電機産業の研究のため、日本の同僚と多くの場所を訪れたが、なかでもグーグルの理系社員として働いていた息子のジェーソンに会いに、上京するのは楽しみだった。

研究者、教員そしてチベット仏教の信者として、京都の夜明けとともに自転車でいくつも寺院を訪ねて回った。浄土宗、禅宗であろうが真言仏教であろうと、宗派に関係なく読経に加わった。言葉ではなくて精神的エネルギーが大切だった。

学生を教え、日本の管理職や現場の人たちと面談し、日本の友人たちと過ごすうちに、彼らが育ち経験した世界を反映する、世代間のギャップを理解するようになった——戦後の窮乏と政治的変化に特徴づけられる占領期の日本、その後世界経済と次第に一体化する日本、さらに自動車、電気通信といった世界先端産業を有し、ナンバーワンといわれた日本、そして若者から多くの機会を奪った低迷する日本である。

この世代間のギャップは、個人それぞれの経験と人生への期待感をもとに、経済と仏教がどのように受けとめられるか、私に深く考えるきっかけを与えてくれた。年配の日本人は、文字通りの苦しみとその後の劇的な生活向上を経験したことで、無常観、そして人と人、自然との相互依存を本能的に理解している――ただし彼らも、消費生活の高度化によって資源を浪費し、自然との相互依存を忘れてしまっているが。教育を受けた日本の中年層は、日本を世界第二の経済国に押し上げ、高い生活水準を実現したグローバル経済システムを信奉している。特にそれは、終身雇用の大企業に勤める男性に著しい。しかし、１９９０年代以降の失われた10年、20年において、経済成長は低迷し、日本の多国籍企業はグローバルな厳しい競争に巻き込まれた。終身雇用の慣行が弱まり、日本の若者の労働環境が流動化するにつれ、若者の世界観はよりグローバルになり、消費がどのように生活の質に影響するかを自覚するようになった。

我慢強く、他人を気遣い、自然を楽しむ年配の日本人と一緒に過ごし、敬意と節度を忘れない若い世代とも交流を持った。日本に滞在した後、私は間違いなく礼儀正しくなった。環境劣化とともに公衆道徳と寛容さが低下しつつある――米国に戻ってからも、他人に対し共感を持って、親切に接するようになった。

日本に関する私の印象は、バークレー校の同僚で政治学のスティーブ・ボーゲル教授と話すうちに、一層深まった。ボーゲル教授は、長年にわたる日本の専門家であり、日本に関する多彩な見方を紹介してくれた。彼の著書『日本経済のマーケットデザイン』（日本経済新聞社、２０１８年、原著：*Marketcraft: How Governments Make Markets Work*, Oxford University Press, 2018）は、所得格差の縮小や炭素排出の削減など特定の社会的目標を実現すべく、公共の利益のために、政府がどのように市場（マーケット）を構築することができるかを主題としている。その意味で、彼の著書は、**仏教経済学**を補完するといえる。

「自由市場」モデル――固定化された階層世界の中で自分の立場を極大化しようとするモデル――に慣れた西洋社会が、相互依存と無常観が自由市場に与える影響を理解するのは容易ではないことを、日本の読者は実感できないかもしれない。しかし、気候変動によって生態学的世界観が東西を問わず各国で議論され、広まるにつれ、相互依存と無常観を想定する経済モデルの有用性が示され、受け入れざるをえなくなりつつある。

仏教経済学の三番目の前提――他人を思いやり苦しみを軽減する――は、すべての仏教徒が実践している。日本やアジアの文化は、利己的あるいは自己中心的な行動に走るのではなく、一般的に他人への配慮に理解を示す。神経科学者や心理学者は、人々は利己的であると同時に利他的であり、他人を助けることで快感が増すことを証明した。

おそらく日本の多くの読者は、地球を気遣い、繁栄を分かち合い、苦しみを減らすことを目指す、仏教経済学モデルの世界観に共感していただけるだろう。文化的伝統を背景に、もし日本が、所得だけでなく国民生活の質で経済実績を測るようになれば、どのように一国の価値観を反映する指標が、政府の施策とビジネス慣行を導くかについて、一つの代表事例を示すにちがいない。

残念ながら、私の本が英語で出版されてからの3年間、気候変動は、科学者が当初予測したよりも急速に進み、日本にも新たな試練を突き付けている。国連ＩＰＣＣ（気候変動に関する政府間パネル）報告は、氷河が溶け、世界中の温度が上昇し、大気中のCO_2レベルが増加するテンポが速まっていると警告を強めている。２０５０年までに炭素の増加を停止するには、各国は、化石燃料を生産も消費もしない、最新のクリーンエネルギー経済を創らねばならない。

良い知らせといえば、１００パーセントのクリーンエネルギーを創り、繁栄を共有し、世界の苦しみを軽減する方策がわかっていることである。気候学者は、各国が２０５０年までにどのように１００パーセントのクリーンエネルギーに移行できるか、工程表を用意している。政治経済学は、共通善をめざし、各国が市場（マーケット）をどのように構築すべきかを教えている。国連は、いかに各国は世界の貧困を減らし、生活水準を向上させられるかを実例で示した。

日本の読者のために、温室効果ガス排出を軽減し、気候変動による苦しみを減らす道筋における、日本の立ち位置を簡単に見てみたい。個人レベルで人々は、飛行機に乗らず、野菜中心の食事にし、車を運転せず、子供を少なくすることで炭素排出を減らすことができる。日本人は、肉の消費は多くなく、子供は一人か二人だが、多くの家族がガソリン車を運転し、旅行には飛行機を使う。どのような簡素な生活をしても、私たちの経済と社会が日常生活に必要とするレベル以下に、炭素排出量を減らすことはできないし、再生エネルギーが行き渡るまで、化石燃料を使い続けることになる。

２０１１年の福島原発事故まで日本は、２０３０年までに石炭火力発電所を閉鎖し、原子力発電の比率を50パーセントに引き上げる方針のもとで、石炭火力から低炭素発電へ移行するリーダー格であった。しかし、２０１１年と12年の大規模な原発反対運動に直面し、石炭火力発電所ではなく原子力発電所が閉鎖される結果となった。２０１８年日本の電力に占める石炭火力の比率は、２０１１年の事故以前よりも高い[ii]。

日本人は、陸と海の放射能汚染に侵され、放射性廃棄物の処理問題にいまも取り組んでいる。日本は、沿岸地域では高潮、内陸では台風による水害に悩む。日本の平均気温は、世界平均よりも速く上昇していると報告され、人々は災害級の炎暑を経験している。このままでは高温により、収穫米の品質にも影響することが懸念される[iii]。

石炭火力を利用し続けることで、日本の一人当たりCO_2排出量は相対的に多くなっている。一人当たりCO_2排出量は世界7番目（２０１６年）で、ドイツとほぼ同じである。ちなみにドイツは、２０１１年福島の事故の後、脱原発路線を打ち出し、石炭依存度を高めている[iv]。ただし、米国に比較すれば日本の一人当たり排出量は大幅に少なく、韓国よりも低い[v]。日本は、エネルギーの使用と大気汚染を減らすために他の政策もとっている。例えば２０１７年には住宅・建物の省エネ対策強化が、「省エネ法」（通称）に盛り込まれた[vi]。日本の自動車メーカーは、国内と海外市場でＥＶ（電気自動車）とハイブリッド車の生産を強化している[vii]。２０１９年5月東京都の小池知事は、２０５０年までに都の温室効果ガス排出をゼロにする目標を発表した[viii]。

日本の文化と最近の経験は、市民に困難と苦しみをもたらす災害に対処しつつ、パリ協定の目標を目指すことが、問題意識が高い国においても容易ではないことを物語っている。すべての人々の充実した生活を支える、最新のクリーンエネルギー経済に各国が移行するにあたり、仏教経済学が、私たちの価値観を反映し、望ましい経済へ導く経済的道標を創るうえでヒントになれば幸いである。この気候危機と経済的変革の時代にあって、私たちは、災害に直接見舞われた人々、希望をもって生きようとする人たち、そしてあらゆる人への思いやりを忘れることはない。

どのように生き甲斐のある人生を送るのか、どのように日本経済を望ましい姿にもっていけるのか——読者が考える際にこの本を役立ててほしい。この本が、他の人たちと一緒に行動をおこし、持続可能で人間的な経済を実現するための契機となれば、これほど嬉しいことはない。仏教経済学の目標は、人と人、地球がお互いいたわり合い、ともに歩むことである。

この本を邦訳してくれた村瀬哲司先生に心から感謝申し上げる。彼の経済と仏教に対する造詣、そして重要な概念を翻訳するにあたっての細心の注意と知識のお蔭で、仏教経済学を日本の読者に提供するという、私の夢がかなえられた。

万物のために、私たちが癒されるがごとく、母なる大地が癒されんことを祈ります。

２０１９年11月　カリフォルニア州バークレーにて

クレア・ブラウン

i C. Brown, Y. Nakata, M. Reich, and L. Ulman, *Work and Pay in the United States and Japan*, New York: Oxford University Press, 1997.

ii https://www.eia.gov/todayinenergy/detail.php?id=39853

iii https://www.climaterealityproject.org/blog/how-climate-crisis-impacts-japan

iv https://www.telegraph.co.uk/news/2019/06/06/germany-faces-growing-calls-delay-phase-out-nuclear-energy/

v https://www.ucsusa.org/resources/each-countrys-share-co2-emissions

vi https://www.japanindustrynews.com/2017/08/japan-moves-quickly-toward-energy-efficient-buildings/

vii https://www.wemeanbusinesscoalition.org/blog/tokyo-motor-show-spotlight-on-the-zero-carbon-transport-future/

viii https://www.japantimes.co.jp/news/2019/11/05/national/barriers-climate-activism-in-japan/#.XcdSyEVKjVr

序

経済学は、私たちがどのように生き、どれくらい幸せであるかに影響する。しかし、経済学が私たちの生活と将来に強い影響力を持つにもかかわらず、ほとんどの人はそれを考えない。

地球温暖化と所得の不平等という、世界で最も大きな２つの課題を取り上げてみよう。地球と私たちの生活を破滅から救うには、もう時間が足りないと、国連の気候科学者は警告する。所得の不平等は、「金ピカ時代」（訳注：アメリカ南北戦争後の拝金主義の時代）に匹敵し、格差とともに政治的混乱がさらに広がるだろうと、経済学者は予測する。

これらの課題は、経済学に深く関わりを持つ。解決するには、私たちの経済システム、生活、私たちにとって何が重要かを根底から考え直す必要がある。大自然と、そしてお互いが共存することを学ばなければならない。

私は、これまで経済学者としてカリフォルニア大学バークレー校で過ごし、仏教徒となって10年である。経済学教授そして仏教の学徒として最近は、自由市場経済学と現実世界の諸問題の――嘆かわしい――断絶に取り組んできた。巨大な経済的不均衡と環境破壊に瀕する時代にあって、一方で一握りの富裕層と、恵まれた比較的多くの人がいる。他方、大部分の人たちは貧困に苦しむ――

これは明らかに何か間違っている。

自由市場経済学は、市場は最適な結果をもたらし、人々は満足な生活を作り出す資質を持つとの前提に立つ。国民の厚生を測るとき、経済学は所得と消費にだけ焦点を合わせ、今日の生活を形づくる多くの重要な要因を除外している。

モノの生産より人が重要と考え、贅沢よりも生き甲斐のある暮らしを尊ぶ仏教は、経済学にどのようなアプローチをするだろうか。私は思案し始めた。

仏教の観点から経済学をどのように見直すかについて、バークレーのチベット仏教ニンマ派学院で、優しく知識豊かな先生方から仏教を学ぶことを通じ、私は当初の着想を得た。その後、家の近くに瞑想堂が開設されたのをきっかけに、夫と一緒に訪れ、アナム・ツプテン・リンポチェ師の講話を聞き、実践するようになった。仏教の中心概念――相互依存、慈悲、正しい生き方（正命《しょうみょう》）――に接するにしたがい、「仏陀なら経済学入門をどう教えるだろうか」と思いをめぐらした。

4年前、私の思いを実行に移すことにし、自分の考えを発展させる意味もあって、バークレー校の2学年のゼミで仏教経済学を教え始める。学生たちは、不平等、幸福、持続可能性といった疑問に熱心に向き合い、私が漠然と感じていたことが明らかになってきた。すなわち、すべての人の厚生と幸福のために、仏教が人間の精神と経済をどのように結びつけるか、この理解には経済学の専攻も、仏教を実践する必要もないということである。

欲望に支配された経済学は、環境の悪化、格差と人の苦しみという課題に十分な答えをだせない。仏教徒そして経済学の教授として、その代替を探る経済学者の仲間に、私も加わることにしよう。

幸せになること

何が人々を幸せにするか。この疑問は、自由市場経済学と仏教経済学の違いの核心に触れる。それは人間の本質をどう見るかである。仏教経済学において人間の本質は、たとえ自分自身も大切とはいえ、寛大で利他的である。すべての人は、限りない欲望と満たされない感覚、そういう自己の精神状態に苦しむと仏陀は説いた。ダライ・ラマ14世は、まだ足りない、もっと欲しいという感覚は、対象物が本当に手に入れる価値があるからではなく、自身の心の妄想から生じると語っている[1]。仏陀は、私たちの心の状態を変えることにより、苦しみをいかに断つかを説いた。すなわち、意味ある生活を通じて幸福を見つけることができると。

自由市場経済学は、人の本質は自己中心的で、収入と豪華な生活スタイルをひたすら目指し、自分のことだけを考えるとの前提に立つ。このアプローチによると、買い物と消費――新しい靴や新作のビデオゲーム――は、あなたを幸せにする。買ったばかりの靴に飽き、ゲームに退屈するかもしれないが、それはそれで、また買い物に出かければよい。この欲望の無限の循環の中で、私たちは持続的な満足感を得ないまま、ひたすら欲し続ける。自由市場経済学は、自然豊かな世界で充実した人生を生きるための指標にならないし、世界各地の戦争、所得格差や環境の脅威に対する懸念に対し、解決策を提示することもない。

対照的に仏教経済学は、より良い世界を作り出すために、個人の生活と経済を作り変える道標を提供する。「幸せのために慈悲を施す」が「もっと欲しい」に代わり、「皆の幸福は結びついている」が、「がむしゃらに上を目指せ」にとって代わる。「人類の厚生と大自然は相互に依存する」が、「公害は皆が無視できる社会コスト」にとって代わる。

一刻の猶予もない

環境被害に無関心で所得一辺倒の世界から、二酸化炭素排出量を劇的に減らす経済への切り替えに、残された時間はわずかしかない――そう気象学者は警告する。人間活動がもたらす地球温暖化について、それが現在そして未来の生活をいかに損なうかにつき、世界中の科学者が常時警告している。しかし、ほとんどの人は、忙しさに紛れて耳を貸そうとも行動しようともしない。

2015年1月のある週末、内容が大きく異なる2つの記事が掲載された。一つは有名な科学雑誌『サイエンス』で、環境の脅威によって私たちの生活が危機に瀕していると報じた。一方、『ニューヨーク・タイムズ』紙は、私有の超豪華ヨットの整備には専門の乗組員と数百万ドルのコストが必要と書いた。『サイエンス』の記事は、科学者18人の国際チームが、地球の安定維持に不可欠な9つの地球生物物理学的プロセスのうち、4つのプロセスが人間活動によって危機的に悪化していることを見出したという内容である。すなわち、生物多様性システム（絶滅率）、生物地球科学的循環（リン窒素循環）、土地利用の変更（農業と都市化による森林伐採）および気候変動（大気中の二酸化炭素濃度）である。『ニューヨーク・タイムズ』は、世界中の超豪華ヨット推計5千隻のうち1千隻が、最近5年間の世界金融不況の時期に購入されたと報じた。[2] 人々は、『サイエンス』誌よりも『ニューヨーク・タイムズ』の記事に注目したのではないかと思う。地球に与える破滅的な悪影響を知りつつも、消費は人々を魅了し増え続けている。物質主義的な衝動が、「第六の絶滅」[訳注1]と呼ばれる容赦ない種の絶滅に、私たちを追い立て続ける。

不平等もまた激しくなっている。１９７０年代半ば以降、所得と富の増加分は上位１％の階層に流れ、大多数の家庭はほとんど恩恵を受けなかった。[3] 多くの経済地域で格差が劇的に拡大した。経済学者は、不平等は経済成長を遅らせ、人々の幸福感を減退させると警告した。[4] しかし、２００８年の世界金融危機に続く大不況の数年間、金融業界が引き起こした危機の代償を一般国民が支払い、政府の救済によって巨大金融機関は立ち直った。[5] 米国では、納税者は救済資金２１０億ドルを払う一方、数十億ドルの賃金を失った。

所得格差は、どの国も同じというわけではない。[6] 米国、英国、インド、中国で不平等は、欧州諸国の多くと日本に比べて大きく拡大した。格差拡大は避けられないわけではなく、それは政策の結果であり、国の選択である。たとえばデンマークとスウェーデンは累進税制を採用し、国民すべてに保健医療、子育て支援、教育、ならびに困窮時の安全網を提供する体制を備えている。対照的に米国では、税制の累進度は低く、安全網は不十分で、民間企業が保健医療と子育て支援を担っている。

同様に気候科学者は、化石燃料の使用——地球を温暖化する二酸化炭素排出の原因——は、政府がとりうるさまざまな選択の結果であることを示している。米国は、特に化石燃料業界と金融業界が強い政治力を行使し、地球温暖化と不平等を悪化させてきた。各国は、温暖化と不平等をもたらす政策を選択することも、そして、もし望めば逆転させることもできる。

「仏教経済学」の用語は、Ｅ・Ｆ・シューマッハーが、１９７３年出版の『スモール イズ ビューティフル：人間中心の経済学』で初めて使用した。シューマッハーは、長時間労働と資源の枯渇など、所得増大に過度に依存することに伴う問題を予測した。彼は、物質的財貨への執着よりも、個人の資質の開発と人間解放を重んじるシステムの必要性を説いた。シューマッハーの見解に従えば、仏教経済学が目指すところは「最小の消費で最大の幸福を得ること」である。

私の議論は、１９７３年当時予想しえなかった世界の現状に適合するように、シューマッハーの仏教経済学の思想を拡げるとともに、充実した生活が、お互いの思いやりを反映し、世界の資源を持続的に分かち合えるような、経済の仕組みづくりを提唱することである。仏陀は、真の幸せは外の世界、名声や消費、友人や権力から得られるものではないと説いた。私たちが見えない大きなものに身を委ね、すべての人に慈悲の気持ちを持ち、人生のかえ難い瞬間を自覚することにより、真の幸せは自己の内面から来る。

私たちは、個人と国家両方のレベルで誤りを犯しつつあり、目覚め行動しなくてはならない。そのために袈裟をまとうことも、快適で楽しく充実した生活を放棄する必要もない。経済システムを組み替えることにより、私たちが価値あると考えるものを創造し、計測し、評価する。そして地球を守りつつ、すべての人が意義ある人生を送ることができる、効率的な経済を開発することができる。仏教経済学が私たちを導いてくれる。

仏教経済学は仏教徒（あるいは経済学者）だけのものではない

バークレー校の2学年ゼミを教えて学んだとおり、経済学に仏教的アプローチを応用するにあたって、必ずしも仏教徒である必要はない。ただ、人間の本質は優しく慈悲があるとのダライ・ラマの信念[7]に共鳴し、経済学は善のための力となり、自己中心の物質主義を超えるものでありうる、という考えを受け入れる必要がある。

慈悲を強調するのは仏教だけではない。キリスト教、イスラム教、ヒンズー教、ユダヤ教もそれぞれ、黄金律「己の欲するところを他人に施せ」と同義の教えを有している。ダライ・ラマが言うように、「すべての宗教は、人間性の向上、愛、他者への尊敬と苦しみの共有を強調する」[8]とともに、主な宗教は、人々の永続的な幸福を目指している。[9]仏教と他の宗教の大きな相違点は、外的な神を想定しないことだ。その代わり、一人ひとりが尊い存在であり、各人が内なる仏——完全な真の自己、そして愛、慈悲と知恵の限りない源である——仏性を持っている。

世界の多くの人が仏教を知ろう、触れようとしてきた。そして実践は無理と思った人でも、その基本原理には賛同するだろう。たとえば、人気作家グレッチェン・ルービンは『ハッピネス・プロジェクト（幸せ計画）』で次のように言う。「この瞬間の輝きを楽しみ……自分よりも他人の幸せを優先するため……自らの心を、直接的で浅薄なものから遠ざけ、超越的で永遠のものに近づけたかった。そのような方法を見つけたかった。この永遠の価値は、日常の喧騒と自分勝手な関心事に紛れて、しばしば見失われてしまった。」この種の教えを信じ、好奇心と素直な心で人生に接しようとする人なら誰でも、仏教経済学から得るものがあるはずだ。

お互いと大自然との相互依存は、同じ行動をとるとか追従とかを意味しない。現世を生きるために欠かせない、それぞれの個性を捨てるには及ばない。そうではなく結びつきとは、人生の貴重な一瞬一瞬を意識し、自分自身の感覚と他人への影響を自覚することである。仏教では、恐れ、罪悪感、恥、貪欲、嫉妬、憎しみ等など、日頃の習慣を繰り返す自分のエゴに振り回されないよう、真の自己に触れようとする。絶え間ない自分と他人の比較判断、より多くを求める物と人間関係への執着、私たちの生き様が他者と大自然に与える苦しみへの無知――すべてが痛みのもとであり私たちを不幸にする。しかし、もし一日のあらゆる瞬間に、自分自身を知り、周りの世界と人々を意識できれば、過去の悔いと未来の不安は解消する。私たちは、いまその瞬間の魔法に目覚め、苦しみが終わるとともに幸せが見つかる。

自己中心的で物質主義の世界の中で、満たされない気持ちになると、私たちは、一時的な気分晴らしに、あるいはつかの間の幸せを求めて行動する。新しい服を買い求める、スマホで新作のゲームをする、あるいは気に入ったテレビ番組にチャンネルを回す。これに対して仏教の世界では、痛みを感じる人は、痛みの源となる妄想と感覚を追い払うため、静かに膝を組む、あるいは痛みを理解する友人と語る、また家族と食事を楽しむかもしれない。不幸や不満の感覚から逃れる代わりに、何が生じているかを意識し、有意義な生活を楽しむ方法を見つける。自分自身が引き金である痛みに、一瞬たりとも浪費するのはもったいない。消費主義に頼ることなく、生活を最大限充実させるために、自身の知覚を使うことができる。

マインドフルネス瞑想の実践

個人のレベルで、多くの人がマインドフルネス瞑想の実践から有益なものを得ている。身体を楽にして、精神を静め、心を開くことにより、判断を交えずその瞬間を意識する。通常、椅子またはソファに座って瞑想するが、ゆっくり歩きながら、あるいはヨガや弓道をやりながら、現在の瞬間を最大限生きる人たちもいる。

今世紀に入り、マインドフルネス瞑想は全米で旋風を巻き起こした。特集を組んだ主な雑誌には、『パレード』（２０１５年）、『タイム』（２０１４年）から『ナショナル・ジオグラフィック』（２００５年）、『サイエンティフィック・アメリカン』（２０１４年）までがある。この瞑想法は、ハーバード大学医学校の学内報[10]で、脳の活動の活性化など健康上の利点があると称賛された。[11]カリフォルニア大学バークレー校のＧＧＳセンター（訳注：幸福や意義ある人生とは何かを研究対象とする研究所）は、瞑想がどのように脳に幸福感をもたらすかを[12]、２つの短編ビデオで要領よく紹介している。ご覧になれば、閃くものがあるだろう。瞑想で幸福感が増すことは、多くの人が体験をしている。[13]「私が私たち」に変わり、自分の信じるものが真の現実ではないことを理解するにつれ、自身が孤独ではなく、世界と結ばれていると感じるようになる。

僧侶が瞑想を実践すると[14]、脳の右島皮質と前帯状皮質両側の活動が増すことで、脳の機能方法が変化するという研究成果がある。また神経可塑性が生じる――長年瞑想を実践した仏教徒の脳は、機能も構成も変化した――との報告もある。[15]

マインドフルネス瞑想については、さまざまな流儀と各種の料金で教室が開かれている。しかし、別に出かけなくても、家に居ながら瞑想法を試すことはできる。快適な椅子かソファを見つけて、背筋を伸ばし、両手を膝にそろえて、静かに座りなさい。鼻腔を流れる息に、意識を集中する。呼吸に集中しつつ、肩の力を抜き全身を楽に保つ。考えを捨てなさい、考えが湧いてきたら、追わず、判断せずに流し去りなさい。静かに座って、生活に関する妄想を消しなさい。過去の悔いは捨てなさい、昨日は終わったのだから。やるべきことを書いた予定表も忘れなさい、未来はまだ来ていないのだから。貴重な今の瞬間を楽しみなさい。深く安らぎに身を沈めなさい。

私の仏教経済学のゼミでは、1回5~10分間瞑想する。学生たちは、マインドフルネス瞑想が最もためになると言ってくれる。学生がストレスに直面したとき、痛みを和らげ、明晰に思考できるよう、静かに瞑想して心を鎮めることを勧めている。

レポート提出期限が近づいたとき、ジョーンという名の学生が、彼女のパソコン・トラブルについて長いメールを送ってきた。「頭が変になりそう。レポート提出が少し遅れそうだけど、認めてもらえますか。できあがっているのですが、新しい充電器がないと送れないの!」と。

返信に次のように書いた。

楽にして、息をしなさい。

大丈夫ですよ、レポートはパソコンが治ってからで結構です。

ジョーンは、「先生にメールした直後、ストレスのときは座って5分間、瞑想しなさいとの言葉を思い出しました。やってみたら、本当に気分が楽になりました」と書いてきた。

私自身は、毎日20分から30分間瞑想する。[15] 瞑想することで、私自身に触れあい、容赦のないエゴと批判がましい考え、それに伴う痛みを振り払うことができる。端坐する間に、私の精神は休息しバランスを取り戻す。あなたも試すことをお勧めする。毎日5分から10分間瞑想することから始め、どんな感触かをまず見てみる。身体を楽にして精神を静める方法を体得すれば、地下鉄でも、浜辺でも、公園の散歩道あるいは自宅でも——どこででも実践できる。

変化を起こすために手を携える

多くの人たちが、もっと意義ある人生を過ごし、地球を救うために行動したいと思っている。しかしなぜ踏み切れないのだろうか。

私は、3つの力が邪魔をすると思っている。

第1は、「多忙」である。やりたいことのリストを全部こなせる時間を持っている人は誰もいない。仕事、家族、友人、自治会などどれも重要で、時間と体を使い、エネルギーを消耗する。日常の繰り返しから離れ、あなたにとって本当に大切な事柄に、有意義な形で集中できるよう、この本が一助になればと望む。

第2は、拒絶反応である。自由市場経済学から仏教経済学へ移るには、勇気と決意が必要だ。意味ある生き方を学ぶことは、多くの人にとってこれまでの人生の成功体験を傷つけることになる。気候変動に向き合うことは、一般に当たり前とされる2つの概念——自由市場と無限の進歩——を疑問視することになろう。問題点に目をつぶるのは生き方の一つではあるが、長続きはしない。

第3は、私たちの無知である。日頃の繰り返しの代償に目覚め、いかに私たちの生活スタイルが他人を害し、地球を滅ぼそうとしているかに気づくこと——これには私たち自身を教育し、生き方を変える必要がある。これは大きな決断であるが、自分自身と他者双方に対する道義的責任である。仏教経済学は、そう決断することで私たちはより幸せになる、と教える。

この3つの力は、この本を読むうえでも妨げになる恐れがある。あなたは忙しくて読む時間がない、いわんやあなたにとって何が重要かを考え、生き方を変える準備の時間はないかもしれない。自由市場経済学は正しいと考え、この本を壁にほうり投げるかもしれない。地球の救済は他人に任せ、あなたは家財に埋もれ、社会的地位を優先する生活、無知の中で生きることを好むかもしれない。

他方、あなたは何かそれ以上のものを探し求めているかもしれない。私は、大自然と調和した意味ある人生を渇望する多くの人たちに出会った。この本は、そうした人たちのため、そのような生活をもっと知りたい人たちのために書いた。消費を乗り越え、慈悲で他者と結びつき、大自然と調和して生きる——それは私たちの力でできる。さあ、始めようではないか。

目次

仏教経済学：暗い学問——経済学——に光明をあてる

第1章　なぜ包摂的な経済モデルが必要か

現代世界には、自由市場の原理——利己心の追求——が、いかに社会の不利益になったかを示す、多くの事例がある。

——ケンブリッジ大学教授ジョーン・ロビンソン、1977年

（人間の生活と実質的自由を後回しにし）所得と富に対し最優先して「経済的」焦点を当てる、伝統的な実践倫理と経済政策分析とは異なり、ここで使う方法論は、事実関係そのものに焦点を当てる。

——ノーベル経済学賞受賞アマルティア・セン、『自由と経済開発』

人生に生き甲斐を与えるものは何か——経済学者に問いかけてみよう。経済がどのように機能するかに関する見解、経済実績を評価する基準によって、各人の答えは異なる。自由市場経済モデルにおいて、個人の厚生は「効用」（満足）すなわち所得によって測られ、一国の厚生は市場の産出

高あるいは所得の合計で計測される。自由市場は、一国の経済実績をいかに速く所得が増加するかで判断するが、国内での所得分配は無視する。

仏教経済学において、人々はお互いに、かつ大自然と依存関係にあることから、個人の厚生は、人々と地球の苦しみを最小化するという目標に向かって、個々人と環境がいかにうまく機能しているかで測られる。すべての人は、基礎的な栄養、保健医療、教育へのアクセスと、安全と人権が確保された、快適な生活をする権利を有している。一国の厚生は、すべての住民の厚生の総計と生態系の健全性によって計測される。

一言でいえば、自由市場モデルは、一人あたりの平均所得と国民産出高の増加に焦点を当てて繁栄を測るのに対し、仏教モデルは、すべての人々の生活の質（ＱＯＬ）と大自然に焦点を当てて繁栄を計測する。

この単純明快な答えは、経済学の説明に通常つきものの留保条項を考慮していない。もっと深く理解するためには、世界が機能する方法につきそれぞれのモデルが想定する、２つのアプローチを比較する必要がある。

自由市場モデルは、市場は競争的であり、最適な社会的成果を生み出すために、円滑に作用すると想定する。人々は、完全な情報のもとで合理的な決定を下す。企業は、市場で価格決定力を持たないため、利益は低い競争レベル以上に上昇しえない。市場が価格を決め、したがって供給と需要は一致し、国民経済は、超過利潤も余剰労働、余剰資本もなく、問題なく機能する。すべての人は公平に扱われる。

これらの想定は、人々はお金を賢く使い、買ったものに満足するという信念に基づいている。個人が何を買おうとも、本人だけが自分の好みを知るのだから、選んだ品物は最適に違いない。自由市場モデルは、個人主義と自己中心の自由、そしてより多く買うことに高い価値を置く。もう一杯どうぞ、靴をもう一足、スマホゲームをもう一回、夕食はコンビニで買えばいかが、やりたいことは何でもおやりなさい。「衝動買い」――空腹のとき商品棚に思わず手を出す、ネット広告の商品をクリックする――も、他の決定と同様に合理的である。人々の価値観は一貫しており、賢い決定をすると想定されるから、広告や会社での嫌な出来事に左右されることはない。

さらに、自由市場経済学は不平等に無関心であり、お金がないがゆえに市場で「投票」できない人たちの福祉は無視する。市場は、使うお金を持っている人に対してだけ、財・サービスを提供する。貧乏人は多くの市場から締め出される一方、消費を支配する金持ちが市場をコントロールする。新鮮な果物を食べたい、医者にかかりたいなど、どれほど望んでも対価を払えなければ叶わない。

仏教経済学と自由市場経済学は、社会的厚生向上のための経済政策を判断するに際し、適用する基準が大きく異なる。[17] 自由市場経済学は、**パレート最適**――すなわち、ある一人の福祉を引き上げるために、少なくとも他の一人の福祉を犠牲にしなければ、それが可能ではない経済状態――と呼ばれる単純なルールを使用する。提案された政策は、もし誰も損害を被らずに利益を受ける人たちがいれば、パレート改善テストに合格する。まったく対照的に、仏教経済学は、包摂的に最適な成果を実現することに努め、苦しみをどれほど最小化するかで政策を評価する。貧しいあるいは余裕のない生活を送る人たちの苦しみを減らせば、すべての人の厚生は向上する。

自由市場モデルでは、金持ちから貧しい人への所得移転は、経済的成果を改善しない。したがって、億万長者ビル・ゲーツから空腹の子どもジェーンに1ドル移されても、それはパレート改善ではない。ジェーンの福祉は向上するが、ビルは損をするからである。金持ちの支払いも貧乏人の支払いも、社会的厚生への貢献度は同じとされる。

しかし仏教経済モデルにおいては、すべての人の福祉は相互に結びついているため、金持ちから貧しい人への所得移転は、経済的成果を改善する。所得が増えれば貧者は、基本的な財・サービスを購入でき、苦しみが和らぐとともに、健康や教育程度、ひいては子どもの生涯賃金を引き上げることができる。金持ちにとっても、他人との結びつきを断絶する贅沢品の消費を減らすことで、すべての人の福祉が改善する。哲学者のピーター・シンガーは、贅沢品の購入は、もしその金で人の命が救えるのであれば、正当化できないとして、世界規模の所得移転を主張する。[18]

シカゴ経済学派の中核である自由市場モデル[19]は、1970年代から20世紀末にかけて、経済学の考え方の主流だった。平等と公正の問題は、後回しに（あるいは社会学の分野と）された。結局のところ、自由市場経済学は、「自由な」競争市場への介入は、それが何であれ社会の価値を損なうと考える。経済学は、主に平均所得の極大化に焦点を当てる一方、平等と公正の問題は無視した。保守政治家は、今日もなお自由市場モデルを唱えるし、学生は、経済学入門で学ぶ。しかし、経済学者の多くはそこから離れ、経済的正義に新たに焦点を当てるモデルなど、より現実的な世界観に基づく多様なモデルを使うようになった。

現在、経済学における道徳性が、半世紀もの休眠から目覚め、不平等、貧困、そして差別の研究に脚光が当たっている。[20] 先駆的な業績として、ジョージ・アカロフ、アンガス・ディートン、ポール・クルーグマン、トマ・ピケティ、エマヌエル・サエズ、アマルティア・セン、ジョゼフ・スティグリッツなど、世界一流の経済学者が、より公平、公正で持続可能な経済システムを創造するための政策を提唱している。アンソニー・アトキンソン、サミュエル・ボウルズとジェフリー・サックスは、経済学に道徳を取り込むことが必要とはっきり主張し、その方法論も説明する。

　仏教経済学は、これら広範なモデルに立脚しており、次の概念を含んでいる：**情報の非対称性**（情報は完全ではない）、**行動経済学**（消費者は「合理的な」意思決定者ではない）、**相対所得仮説**（個人の選好は社会規範および自他の所得の比較に依存する）、**利他主義**（個々人は他人のことを気遣う）、**市場の失敗**（企業は公害の代償を支払わず、ほとんどの産業は競争的ではなく、少数の企業に支配される）、**潜在能力アプローチ**（日常生活で発揮できる個々人の力が彼らの福祉を決定する）および**モラルハザード**（金融機関は失敗のリスクを負わずに利益を享受する）などである。

　これら経済学の拡張概念に依拠することにより、仏教モデルは、自由市場モデルと非常に異なる結果と政策に帰着する。事実、経済がどのように繁栄、正義と持続可能性をもたらすかを説明する際、仏教経済学は自由市場モデルと正反対の立場をとる。何であろうがもっと欲しい、多ければそれに越したことはない、との思い込みから離れれば、私たちは経済の動きを包摂的に測ることができる。仏教経済学は、環境保護、人間精神の状態、すべての人々の生活の質（ＱＯＬ）を考慮に入れる。これらの価値を織り込んで、経済成長を測ることになれば、世界を変革するうえでの道標となる、新しい福祉の尺度を持つことになるだろう。

おそらくこの本は、一部の経済学者にとって十分な厳密性を欠き、一部の仏教徒には規範（法）が不十分と思われるに違いない。しかし私は、彼らのためにこの本を書くのではない。経済学の知識と、今日知る仏教の教えを可能な限り使って、私の目標は、健全な生態系の地球上で、意義ある人生を願うすべての人々、そういう世界中の人々の間で対話の輪を広げることである。

繁栄、公正と持続可能性を提供し、苦しみを終わらせるようなグローバル経済をいかに築き上げるかについて、すべての職業、階層や学問分野の人たちが、対話に加わること望みたい。あなたがキリスト教徒、ユダヤ教徒、ヒンズー教徒、イスラム教徒、あるいは他の宗教の信者でも無神論者でもかまわない。どうか私とともに読み通し、人生をもっと意味があり、公正かつ持続可能にするために、経済学がどのように役に立ちうるかを考えてほしい。

すべての人が大自然と調和し、繁栄と慈悲とともに生きることを祈る。

第2章　仏教経済学とは何か

経済学は単なる道具——すなわち、利己的な欲求に応え、社会に争いをもたらし、限りない生態系を持つ地球全体に、さらに大規模に不均衡と不安をもたらす——単なる道具としてではなく、人類に対し個人的、社会的な成長の機会を実際にもたらす、そういう役割を果たすことこそが理想である[21]。

私たちの倫理——そして倫理の自然な結果としての行動——は、私たちは何者か、私たちの住む社会の種類、および私たちの環境条件を決定する因縁に貢献する。

——パユットー、『仏教経済学』

最初に、仏教の精神的アプローチと経済学の知的アプローチをどのように統合するか、という難題に取り組んでみよう。事実、「仏教経済学」の用語そのものが、矛盾した表現のように見える。

仏教は精神的であり、概念的ではなく、他方、経済学は概念の体系である。

仏教の相対的真理と究極の真理の区分が、この謎を乗り越える道を教えてくれる。キェンツェ・リンポチェ師が説くように、相対的真理は、マインドフルネス座法、非暴力、瞑想、菜食主義その他もろもろの日常の実践を示し、一方、究極の真理は概念化の領域を超え、言葉では語れない。相対的真理は、たとえ究極の真理ではなくても、日常生活に役に立ち、それを学ぶことは非常に有益でありうる。[22] この本で私は、日常生活における仏教の教えとして、相対的真理を使用する。

経済学に対する仏教的アプローチの3要素

経済体系を組み立てる際に使用する、中核となる仏教の教えは、**相互依存**である。仏教の教えでは、私たちは一つであり、私たちの相互依存は、大自然とすべての存在に及ぶ。相互依存は、個人として幸せへの道を開き、すべての人が豊かで持続可能な生活を送れるような政策を作る道筋を提供する。私たち全員が、同じ基本的動機——幸せでありたい——を共有しており、この点で私たちは同じであり平等である。

仏教経済学において相互依存は、３つの方法で表現される。第一は、私たちと他の人たちの生活の質を高めるために、それぞれの資質を活用することである。第二は、すべての活動に大自然と環境への配慮を欠かさないこと、そして第三は、地域でも世界的にも苦しみを減らし、慈悲を実践することである。

第一の相互依存は、自我（エゴ）の克服を、すなわち自らの利益（利己心）の極大化——自由市場経済学の中核――を志向する自己の欲求を克服することを強調する。ヒンズー教など他の東洋哲学も、普遍的な結びつきを重視し、切り離された自己という精神構造の克服を強調する。ヒュームやニーチェなど、いくつか西洋哲学のアプローチも、切り離された自己の否定、あるいは自己の最小概念という類似の見解を共有する。

第二の相互依存は、環境との結びつきに関わる。私たちと大自然の相互依存は、今日と将来にわたり、私たちが使う資源の価値および環境に与える損害を計測することを必要にする。環境を害すれば、私たち自身が損なわれる。自由市場経済学は、人々や企業は空気、水、大地を汚染しても対価を払う必要はないと教えるが、もはや公害はそのような「自由財」とは考えられない。

１９７１年、現代生態学の創始者バリー・コモナーは、生態学の4法則の一つに相互依存を掲げ、次のように言う。「すべてのものは他のすべてと結ばれている。あらゆる生存する有機体には一つの生態圏があり、あるものへの影響は、すべてに影響する。」[23]

二酸化炭素排出量の削減、絶滅危惧種の保護、あるいは河川、湖沼、地下水の保全などの政策判断に際し、環境との結びつきは、伝統的な費用便益分析とは異なる経済評価の手法をとる。自由市場経済学は、あらゆる種類の環境被害は、人々への便益が少なくともコストより大きければ、受け入れられると考える。コスト計算に未来の人々への損害額を含めようと、現代の人たちが考えない限り、将来世代に発言権はない。しかし、人々は近視眼的で、公共財に対価を支払うことを嫌がる傾向があるため、環境保護のコストを過大評価し、便益を過小評価しがちである。この偏向により経済分析は、河川を堰き止め、湾を汚染し、大気への二酸化炭素放出、サンゴ礁の破壊を認める方向に傾く。

対照的に仏教経済学では、澄んだ空気や生物多様性といった自然生態系が重要であるように、将来世代も私たち同様に重要であることに変わりない。経済用語でいえば、仏教モデルは、自然生態系は**強い持続可能性**を必要とし、保護されねばならないと主張する。自由市場経済学は、自然資源（自然資本）は、機械の利用（人工資本）あるいは製造過程における人的資本と代替可能と考える、**弱い持続可能性**の立場をとる。この近視眼的なアプローチは生態系の破滅をもたらしかねない。

仏教経済学の第三の相互依存は、一人の苦しみをすべての人々の苦しみに結びつける。この苦しみの輪は、あなたが着る服、口にする食物、手にするゲーム機器を作った人たちのように、一度も出会ったことがない人たちをも含む。「見えざる者は忘れられる」の諺は、中国の工場で10歳の子どもが10時間働いて作ったハイテク運動靴に、わずかな代金しか払わない言い訳としてもう使えない。いまや私たちは、健康で快適な生活に必要な基本財にすら事欠く、極貧の家族が町はずれに、あるいは世界の反対側に住んでいようが、彼らの苦しみを気遣わずにいられない。

相互依存は、私たちを強い義務感に駆り立てる。もはや自分自身を切り離された存在とみなし、自分だけの幸福を最大化することはできない。私たちは、自分自身の苦しみから自らを解き放ち、そして他者の苦しみを軽くしようと手を差し伸べる。個人の行いが、国、世界の問題と結びつく。個人と地域社会の目標が、すべての人々の幸せを増進するという一つの目標と一体になる。

これらはすべて、理想主義的で実現など無理と思われるかもしれない。仏教経済学を物質主義的な文化と調和させる方法など、果たして見つかるだろうか。新しい価値観を取り入れるべく、現在の経済システムを再編することなど、果たして可能だろうか。2つの疑問への私の答えはイエスだ。この本を通して私は、仏教経済学の個人のレベルと、社会のレベル両方に焦点を当てる。個人レベルでは、有意義で幸せな生活を、私たち自身どのように築くことができるかである。社会レベルでは、政府はいかに、持続可能な方法ですべての人のためになる政策を支援できるかである。

仏教経済学は、経済学を「暗い学問」を越えるものにしたいと考える。1849年にトーマス・カーライルが「暗い学問」と命名して以来、経済学は、わずかな人しか自分の欲求、いや基本財すら満足できない、稀少性の学問であるとして、その名に甘んじてきた。事実、グローバル経済は、一部富裕層の贅沢を除き、ほとんどの人々に十分な暮らしを与えていない。しかし、そうである必要はない。グローバル経済は、すべての人々に幸せとともに、繁栄、正義と持続可能性を与えることができるし、そうすべきである。

幸せ

私たちは皆幸せを願う。しかし、人生を通じて幸せを探し続ける一方、仕事、家族や友人の要求に押し潰されそうに感じる。自分の外見が不安になり、ちょっとした間違いを気に病み、無限のやるべきことのリストが頭をよぎる。不安、いらだち、後悔。

なぜ幸せは、見つけることが難しいのだろうか。幸せの感覚は非常に移ろいやすいがゆえに、私たちの多くは、永続的な幸せはありうるのか確信を持てない。それは来てすぐに去る。

自由市場経済学の幸せは、個人の楽しみと同時に痛みの回避を意味する。焦点は、金銭の追求と買い物、少なくともその瞬間、満足するものを買うことで、あなた自身を幸せにすることにある。この**快楽的幸福**は、いま一瞬の満ち足りた生活という、個人の主観的判断により測られる。

仏教経済学は別のアプローチをとる。アリストテレスの思想——幸福は自己の実現と価値ある道徳的な生活にある——に共感する。最高善、すなわち幸福（**エウダイモニア**として知られる）は、人々が全能力を発揮し、他者と共同体のために生きることの中にある。アリストテレスは、「短い時間ではなく、まっとうした人生において、完全な徳性に従って生き、かつ十分自足的である人は幸せである」[24]と言う[訳注2]。また「観想的な生活こそが最高の幸福である」[25]と言う。

仏陀は、私たち自身と他者の苦しみを解き放つ術を教え、ダライ・ラマはこれを、意味のある、楽しい生き様に言い換えた。[26] 物質的な利得は、モノを買えば「そのことで必要な満足すべてを得ることができる」[27]との誤った考えに基づいていると、ダライ・ラマは警告する。そして「真の幸せは、内面の安らぎが特徴で、他者との関係において生まれる」[28]と書く。

仏教経済学では、他人の経験あるいは幸せへの期待を台なしにしないよう、人々は倫理的に行動しようとする。[29] 例を挙げれば、あなたの言葉あるいは行動が、他人を怒らせ、また罪、恐れ、恥、貪欲、その他の精神的毒（仏教用語の**煩悩**）の感情を引き起こせば、傷つけることになる。

快楽的な幸福は、現在の物質主義的、目的志向の経済によく合致する。巨万の富や権力、耽美なセックスや勝利の座、いずれも永続的な幸せをもたらすと信じて、それらの夢を追い求める。買い物、昇進、不倫は気分を高めてくれるが、すぐに醒めるため、次の高揚感を追って繰り返す。この思考習慣は、私たちを不幸せにし、生活への不満を募らせる。私たちの心は、「5つの**煩悩**」——欲望ないし執着、憎悪ないし敵意、妄想、慢心と羨望——の虜になる。

仏教経済学の目標の一つは、内なる幸せを見つけることである。仏教の教えでは、外的な刺激への渇望（「それが欲しい！」「このゲームに勝つ！」「優勝するぞ！」）と外的な力への嫌悪（「耐えられない！」「やっちまえ！」「追っ払え！」）で反応する思考習慣を止めるとき、初めて私たちは真の自由と安らぎを得る。仏教は言う、心を鎮めて、散歩の途中の綺麗なものに気づき、食事を楽しみ、友人ともっと親しくなさいと。

痛みに対する態度が、幸せに対する2つのアプローチの違いを浮き立たせる。快楽的幸福を得るには、痛みを避けなければならない。したがって、痛みを忘れるために買い物をし、酒を飲む。仏教経済学は、痛みは人生の一部と考える。大切なことは、包丁で指を切った些細なことから最愛の人の死に至るまで、さまざまな辛い出来事に、どのように向き合うかである。熱心な仏教信者はさらに進んで、痛みをマインドフルネス——ある瞬間を覚醒し、判断せずに楽しむ状態——を実践、修養する道とみなす。

仏教経典「2本の矢の教え」[30]（「箭経《せんきょう》」）は、痛みに対しどのようにマインドフルな対応をすべきかを示す。矢にあたると肉体的あるいは精神的な痛みが生じる。もし取り乱して痛みを嘆くならば、第二の矢、今度は精神的な痛みに射られる。第二の矢は、痛みを増幅した、自身の否定的反応が創り出したものである。しかし、もし第一の矢への反応が、我慢強く冷静であれば、第二の矢はないだろう。偉大なシャンティデーバ師は次のように書く。[31]

不幸が起きたとき、もし治す道があるのなら、
落胆する理由はあるだろうか。
もし助かる道がなければ、
嘆いて何の役に立つだろうか。

私はそのようなことに悩まない、
悩めばもっと不幸になるだけだから。

仏教経済学は、苦しみそのものが美化に値するとは考えない。苦しみや罪の意識から直接得るものはない。私たちはただ経験から学び、他人を傷つければ修正することができる。それは尊い行いであり、私たちを幸せにする。

仏教経済学における個人の行動

仏陀の「4つの崇高な真実」（四聖諦《ししょうたい》：苦集滅道）が、仏教経済学における個人の行動を導いてくれる。仏陀は説く。(1)すべてのものは苦しむ（苦諦《くたい》）、(2)苦しみは愚かさと欲望に起因する（集《じっ》諦《たい》）、(3)苦しみは滅することができる（滅諦《めったい》）、(4)八正道《はっしょうどう》[32]が苦しみのない生き方を示す（道諦《どうたい》）。
人々は、その本性から切り離されているがゆえに、不必要に苦しむのであり、孤独感と妄想を捨て去れば、苦しみをなくすことができると、仏陀は気づいた。

八正道は、経済活動に直接結びつき、相互に関連する3つの行動——すなわち、正しい行為（正《しょう》業《ごう》）、正しい生活（正命《しょうみょう》）、正しい努力（正精進《しょうしょうじん》）——を含む。輪をなす八正道において、それぞれの行動は他の7つを支えることから、すべての行いは私たちの日常生活の一部である。3つの経済的行動がどのように作用するかを見てみよう。**正業**は、他者や自分自身を傷つけず、すべてをマインドフルネスと慈悲をもって行うこと、そうすれば正命、すなわち他者を傷つけることなく、自分の良い面を活かしつつ生きることとなる。これは**正精進**の一部であり、寛容、慈愛や知恵のような健全な特質を伸ばし、不健全かつ反対の特質（貪り、怒りと愚かさ：三毒すなわち貪瞋痴《どんじんち》）を追い出すことができる。

人それぞれの個性や生活スタイルは、仏教経済学と共存できる。ただし、自分の物質欲に執着するのではなく幸運を分かち合い、他人をいたわり、毎日の活動において苦しみを和らげるものを含まなければならない。一時の幸福感のために買い物に飛び出す代わりに、浜辺の貝殻を見て立ち止まり、春の野花を楽しみ、近所の犬が走り回るのを眺め、多彩な色や形を味わう。音楽を聴き、楽器を弾く。家では絵を描き、茶碗を手びねりしてみる。家族、友人のために料理の腕をふるう。人間の性格には、対自己的（自己中心的で自分重視）と対他者的（利他的で他人を配慮）、両方の衝動が含まれている。人間の本性がどの程度自己中心的か利他的かに関して、さまざまな意見がある。経済学者は、人間の本性は利己的と考えがちだが、ボウルズは、集団の生存を確保するために人間は、長い時間をかけて道徳感情を伴う協調本能を発達させてきたと主張する。[33] 人間がどれほど利己心あるいは道徳感情から行動するかについて、ここで意見の一致を見る必要はない。重要なことは、人々は自分と他人双方を大切にしようとする欲求と責任を持つ点に異存がないことである。私たちは生計を立て、さらに豊かにもなれるが、他人と地球を犠牲にしてはならない。

仏教においては、自らの否定的感情——あなたの心を曇らせ、後で後悔する言動をさせる——に囚われることなく、あなた独自の個性を楽しむことができる。否定的な思考習慣は、私たちを不幸にするだけでなく、周りの人々を傷つける社会的不和の種を播く。負の気持ちへの仏教の対処方法は、思いや感情を拘泥せずに流し去るために、座ってマインドフルネス瞑想をすることである。将来を過度に心配し、過去の自分を責めることを止め、現時点の美しさを自覚する。実践を積めば、一日を通してあらゆる活動でマインドフルになれる。

仏教経済学は、心満たされた（マインドフル）生活にしっかり築かれた本当の幸福と、金銭と限りない欲望に基づく、かりそめの幸福を区別する。仏教経済学の目標は、あらゆる存在の苦しみを極小化することにあり、すべての人々の幸せと福祉を確保しようとするため、私たち自身の所得の極大化を目指すことはしない。

このことは、あなたの暮らし方に、どういう意味を持つだろうか。あなたは、洋服箪笥や自宅をもので溢れさせることはなくなり、気が滅入るからといって買い物に飛び出すことも、オンライン店舗で何か探すこともない。私の仏教経済学のクラスで、自分たちの生活の中で、どのように消費を減らせるかを実験してみた。学生たちは皆、たまに買い物することは好きであり、買い物を減らしても物足りなさを感じないためには、どうしたらよいかを考えた。セールで靴を買うのが楽しみだった学生は、靴棚に放り込むだけの靴を買わずに済ませることに気づいた。給料日の買い物が趣味の女子学生は、洋服の代わりにマニキュア液を一瓶買った。必要ない、あるいは稀にしか使わないものを買うことを止めれば、[34] クローゼットが満ち溢れた生活（自由市場）から心が満ち足りた生活（仏教）に移る。新しいものを買えば嬉しいし、物質的な楽しみに変わりはないが、もはやそれに執着することはない。消費は、あなたの多面的な生活の、単なる一面にしか過ぎなくなる。

もしあなたが経済学入門を勉強したならば、「仏教経済学は、ミクロ経済（焦点は個人と企業）とマクロ経済（焦点は国民経済）のどちらのアプローチか」とたずねるかもしれない。仏教経済学では、ミクロとマクロは相互に関連しており、生活の質を高めるために融合する。個々人は、自分とすべての人々の幸せを追求し、この思いやりのある追求が、持続的な世界における国民の福祉に結びつく。

社会的および国民経済的アプローチ

仏教経済学における繁栄は、自由市場経済学のように市場の財・サービス（ＧＤＰ：国内総生産）と等価ではない。ＧＤＰには人間の活動が何らかの購買を含まないと計上されない。家族や友人との食事、静かに座って周囲を楽しむ、良書を読む——自由市場経済学は、これらの活動の価値を、この経験をどれだけ楽しんだかではなく、購入された財・サービスで測る。

仏教経済学では、所得は、個人の繁栄を測る一つの要素にすぎない。[35] より重要なことは、有意義な生活を築くために、個人が資源、資質をどのように使うことができるかである。意味ある生活を築くうえでの中心は、個人の「能力」、すなわち、人々が価値あると考える生活をどの程度実現でき、実際日常どれぐらい生かせているか、そういう意味での能力である。家族の能力に含まれるものとしては、彼らの日々を楽しく、快適かつ安全にする健康、教育、基本財（衣食住、交通手段など）およびその他の財・活動があり、さらに地域社会と国政への参加の自由が挙げられる。私たちの能力が、人との関係、才能と可能性を発達させる土台となる。

国民経済の動向を評価するに際し、仏教経済学は、機会均等を含む国民の間での福祉の配分を重視する。国の機関と公共サービスは、日常生活における人々の活動を助け、そして安全網と治安を維持するためにある。経済モデルは、公害と環境劣化の是正を含めて、社会が次世代へ引き継ぐ生態系の資産、その意味での生活の質も考慮に入れる。

２本の矢の話を、国民経済に応用してみよう。自由市場における利潤動機という強烈な第一の矢が放たれ、それは少数の人を豊かにするが、多くの人と環境を傷つける。第二の矢が人々を貫き、人々は懸命に働き稼ぎ、得た金でたくさんのものを買う。だが、ハツカネズミの足踏み車のような幸せは、束の間に過ぎないと気づく。人々は、第一の矢を吟味し始め、利潤のために競争する経済の意義に疑問を抱く。自由市場経済学の限界を理解するにつれ、自分自身に第二の矢を射ることを止め、仏教経済学を開発し、実践し始める。もはや所得の追求だけが唯一の目標ではない。いまや「幸福の追求」は、健全な生態系のもとで、すべての人が生き甲斐ある人生を築くことを指す。仏教経済学は、最初の矢を放った射手を含め、すべての人々の生活を改善することができる。

国民経済はグローバル経済と一体化している。ここでも自由市場経済学と仏教経済学とは袂を分かつ。自由市場経済学は、国際貿易はすべての国の所得を引き上げ、損をする国はないと教える。

この結論は、「比較優位」の概念に基づく。比較優位説によれば、二国間で資源と資本が偏在することで、特定の財の生産方法が異なり、分業が行われる結果、貿易を通して両国の国民所得は向上するとされる。たとえば、資本集約的な機械を製造する工業国が、労働集約的な繊維を作り衣服を縫製する途上国と貿易をすれば、双方ともに利益となる。

　このモデルは、一時期有効だったかもしれない。しかし、今日の高度に機械化されたグローバル経済において、多くの国々は、たとえ労賃が安くても、同じ資本、自動化方式、コンピューター・アプリケーションを使う。同じ自動生産工程を使えば、労働が生産原価に占める割合は小さいことから、分業のコスト優位性はほとんどないに等しい。開発途上国は、先進工業国に支配された市場と向き合うことになる。貿易による利益は、その国のグローバルな交渉力を反映し、ここでも富裕国の力が貧困国の力を凌駕する。その結果、１９９０年代に北米自由貿易協定（ＮＡＦＴＡ）のもとでメキシコで起きたように、米国と自由貿易協定を締結したことで、途上国の所得が減少する事例が発生する。

　エネルギーの利用は、自由市場経済学と仏教経済学の違いを鮮明にする。ほとんどの経済学者は公害への課税に肯定的だが、化石燃料を生産、消費する自由市場は、石油や石炭採掘に伴う大気汚染その他の環境悪化に対して、エネルギー会社に対価を課していない。その結果、消費者が支払うエネルギー価格に環境コストは含まれず、人々はガソリンや石油を浪費する。また、自由市場経済は競争的であるとの建前とは逆に、エネルギー産業は競争的ではない。２０１４年版フォーチュン・グローバル５００の上位６社のうち、首位ウォルマート以外の５社は石油会社だった[36]。エネルギー会社は、価格とコスト支配力を梃子に年間１千億ドル近い高収益をあげ、利益率は25パーセントに達する。[37] この巨額の資金を使って議会工作を行い、特別税額控除や有利な規制を勝ち取って、さらに利益を高める。消費者は車のCO_2排出の代価を払う必要がないことから、多くの米国人がガソリンを食う多目的スポーツ車や小型トラックを購入し、年間平均１万２千マイル以上走行して、大気を汚染する。

仏教経済学では、あらゆる財・サービスの市場価格には、使用された資源すべてのコスト全額が含まれる。ガソリン価格は、ガソリン消費が環境に与える損害に相当する環境汚染税——炭素税と呼ばれる——を含む。地球を害する燃費の悪い車を運転しないことも重要である。ガソリン垂れ流しの車に代えて、高い燃費効率、低公害の車で満足する。電気自動車を持てば、持ち主が気候変動に配慮している証左になるし、ハマー（訳注：ＧＭ製多目的スポーツトラックで、燃費が悪いことで知られる）を運転すれば、周りの人は眉をひそめる。人々は走行距離を気遣い、減らすために、相乗りや公共交通の利用、買い物ついでに近隣の人が注文した品物も受け取るなどの工夫をする。国が徴収する炭素税は、持続的な新エネルギーの開発、公共交通システムの拡充、人々の利便に資する公共財を提供するために使うことができる。

この事例では多国籍企業に対して、利益の極大化を目指すなとは言っていないことに注目してほしい。そうではなく、石油会社は炭素による汚染の代償を払わなければならない。政府は、税の優遇を止め、環境を劣化させる化石燃料の採掘を厳しく規制する。そうすれば再生可能エネルギーとの競争が起こり、おそらく石油大手自身が再生可能エネルギー源の開発に乗り出すだろう。市場は、化石燃料から再生可能エネルギーへの転換を促す、正しいインセンティブを与えることになり、これこそ地球が求めていることである。

価格と生産量を決定する市場の需要供給曲線は、私たちの価値観と慣習、さらに政府の役割と制度を反映する。仏教経済学において市場は、私たちの相互依存の価値観を反映する新しい価格と産出物に移動する。これは、仏教経済学の力を理解するうえで決定的に重要である：新しい市場の姿は、どのように人々は有意義な人生を欲しているかを反映することになる。

外なる富と内なる富

多分もうお気づきのとおり、「富」の意味は、自由市場モデルと仏教モデルでは異なる。両モデルとも、物質を基盤とする「外なる富」を含む。すなわち、私たちの資産——不動産（住居、別荘、貸家）、年金基金、証券、自動車——から負債、すなわち借金（住宅融資、各種借入れ、カード・ローン）を差し引いた金額である。自由市場経済学は、外なる富を唯一の富とみなすため、私たちは富を金銭単位でのみ考える習性がついている。

社会的見地から、世界の富の配分はますます不平等になっており[38]、この不平等は人々と国双方にまたがる。２０１４年、人口の１・０パーセント以下の大富豪が、世界の富の48パーセントを所有する一方、世界の大部分、下位80パーセントの人々は５・５パーセントの富を占めるにすぎなかった。米国では、上位０・１（１の10分の１）パーセントが国富の22パーセントを所有し、下位90パーセントの家族が同じ比率の富を所有していた[39]。

仏教経済学は、外なる（物質的）富と内なる（精神的）富を区別する。[40] 仏教では、人間の富とは本来備わったものであり、私たちの体験、人との関係と生活を、それらが展開するままに受容する能力を含む。仏教の富は、人生を楽しみ、他人を助けるために、持てる資質を思慮深く使うことを含み、さらに仏教は、本当の富——愛、慈悲と知恵——は尽きることがないと教える。仏教は、所有欲にとりつかれて、金銭的富に執着しない限り、物質的な豊かさを禁じてはおらず、豊かさは他の人たちと分かち合うものである。

仏教の内なる富を深く耕すことは、仏教徒が悟りへの道に向かう日ごろの実践の一部である。[41] 心を鎮め、切り離された自己感覚と、社会が作り上げた現実に関する迷いを捨て去る。真実の自己は、妄想の雲に覆われた太陽のようなものであり、自尊心とエゴへの執着を捨て、無常そして他の人たちと地球との一体感（一如《いちにょ》）に身を委ねれば、私たちの苦しみは終わる。

第3章　人と人の相互依存

私と他の存在はともに、
幸せを求めるうえでは等しく同様であるから、
私たちを分かつ何の違いがあって、
私一人だけの幸福をつかもうとするのだろうか？

私と他の存在はともに、
苦しみから逃れようとするうえでは等しく同様であるから、
私たちを分かつ何の違いがあって、
他者ではなく自分だけを助けようとするのだろうか？

——シャンティデーバ、『菩薩行』

仏陀は、私たちはすべてお互い依存しあうと教えた。因陀羅の宝網[42]——完璧な宝玉でできた全方位無限に拡がる網――を想像して、これを目に浮かべてみるとよい（訳注：華厳経に説かれるインドラ（帝釈天）の宮殿にかかる網で、宮沢賢治も童話化している）。一つの玉が他の一つひとつの玉を反映し、よって一つの反映が他すべての宝玉を映し出している。一つの玉に影響するものは、すべての宝玉に影響する。

相互依存の教えは、誰が何を得るか（の損得）に関する私たちの思考方法を変える。ある人が得る追加の資源は他者の負担になるという、自由市場のゼロサム・アプローチから、一人ひとりの幸せは結びついているという集団的アプローチに変化する。仏教経済学では、たとえ資源の総量は同じでも、快適な生活に必要な量より大幅に浪費する人から、貧しい人に資源を移転すれば、すべての人の幸せは向上する。もはや個人の幸せと社会の幸せの区別がなくなるため、ミクロ（個人の行動）とマクロ（国の動向）の経済学的区分は解消する。すべてが無常で、常に変化する世界において、より多くを欲しがり、他人を押しのけ競争しようとする絶えざる不安からの解放、自由の感覚は素晴らしい。

仏教経済学は、人々は利他的だと考える。私たちは、見返りを期待せずに他人を助け、苦しみをなくしたいと欲する。このように仏教経済学は、利他主義の進化と社会を貫く互恵性を分析した、サミュエル・ボウルズとハーバート・ギンタスのような経済学者の考え方に同調する。彼らの著書『協力する種』は、どのように協力が社会の生き残りと成長に資するかを示している。[43] 協力し倫理規範を有するグループが生き残って発展し、この社会志向的動機のおかげで、今日の人々が真に他人を配慮するようになったと、数千年のデータを使って論じる。『モラルエコノミー』の中でボウルズは、人々が利己的でなく倫理的に行動している状況で、金銭的罰則が、期待に反して利己的な行動に結びつくことを示している。わかりやすい事例は、子どもの引き取りに遅刻した親たちに、保育園が罰金を課したケースである。親たちは、遅れても罰金を払えば済むと考えるようになり、遅刻が増加した。経済的罰則が、善き市民である必要性にとって替わったのである。

　心理学者が、何が人々を幸せにするかを研究すると、他人への親切が人々をより幸せにすることがわかる[44]。正のフィードバック回路のおかげで、人々は思いやりの瞬間を足がかりにして伸びていく。すなわち、あなたが親切な行為をすると（母親をお昼に誘うと）、幸せ感が増し、別の親切な行為（お隣の買い物を手伝う）に結びつきやすい。親切があなたを幸せにし、さらに別の親切に誘う[45]。このことは、幸福は慈悲の実践から来るという、ダライ・ラマの教えに通じる[46]。

　仏教経済学は、値札のつかない活動や体験に焦点を当てる。基本的欲求が満たされれば、その後の消費は、それが人間の潜在的可能性と生活の質をいかに高めるかで評価される。社会活動や創作活動によって、私たちの生活は楽しくなる。生活を楽しめばなおさら、自分を目立たせるための消費が馬鹿らしく思えてくる。

幸せになること

　仏教経済学の相互依存を理解するには、まず各人が、内省し、自身の仏性ないし本当の性格と結びつくことで、慈悲を学ばねばならない。幸せは外界からでなく、私たちの内面から来ることを学ぶ。あなた自身の生活を変えれば、他人に対し積極的な影響力を持つことができ、個人的利得と社会的利得の区別は解消する。

実際にこれがどのように生じるか、実例を見てみよう。

カルフォルニア大学バークレー校の学生ハリーは、目標志向が強く、目標に向かってがむしゃらに競争するタイプだった。ただ問題は、ハリーが生活に意義を感じられないことである。彼の唯一の幸せは、成績で首席になる、討論で相手を打ち負かすなどゴールを目指すことを通じてだったが、達成するといつも鬱に陥る。友達のナンシーは、私の仏教経済学のクラスにいたが、ハリーの落ち込みを見て、マインドフルネス瞑想を勧めた。ハリーは、そんなの時間の無駄と一蹴し、「ゴールは何だい」とたずねた。

ハリーがその気になるよう、「何も考えずに30分座っていられるか、やれるものならやってご覧なさい」とナンシーは挑発した。ハリーはこの挑戦を受けて立つことにし、さらに成功したら夕食をおごるように、ナンシーと賭けをした。しかし、瞑想を始めてみると、心を雑念から引き離す難しさは信じられないほどである。明日するべきこと、かつて他の学生に負けたときの悔しさなどが、次から次に湧いてくる。座ることが、肉体的にも精神的にも拷問に感じられた。そこで彼は、毎日少なくとも２回、数分ずつ分けて練習することにした。最初の２週間が最もきつく、ほとんど諦めようかと思ったが、ナンシーに挫折を告げる屈辱が耐えられなかった。１ヶ月後、少しましになり、先生についてみる気になった。彼はナンシーと一緒に、週１回の瞑想教室に通い始めた。３ヶ月後彼は、もはや心に浮かぶ思いを一つひとつ追いかけることなく、気楽に端座するようになった。

そのときハリーは、何かしら考えがいつも心に出現することから、ナンシーが不可能な目標を課したことに気づいた。目標は考えを絶つことではなく、判断せずに考えを流すことだと、彼はマインドフルネス瞑想から学んでいた。ハリーが、賭けはインチキだと言うと、ナンシーは笑って、「そう、わかってきたわね！　もし30分の瞑想で、考えを追わず、判断なしに座っていられたら、賭けはあなたの勝ちよ」と。

6ヶ月後ハリーは賭けに勝った。そしてナンシーのおごりで夕食に行く代わりに、彼を瞑想に誘ったことに感謝し、ナンシーを食事に連れて行った。

面白いことに、ハリーは、マインドフルネスを活かして他人を気遣うようになった。大学や仕事の面で目標達成のために、他人を打ち負かして「一番」になる必要はない、と彼は自覚した。ベストを尽くすことで願いを遂げることができるとわかった。彼は学問、友人関係を大いに楽しみ、そしてなおかつ成功した。

自分への慈しみを持つために重要なことは、非生産的な自己批判を止めることだ。仏教では、過去の悔いは忘れ、自分の肉体と性格をそのまま受け入れるように学ぶ。妻や夫に対して怒り、罵るような、否定的な反応をすれば、その人への愛と慈悲の絆は断たれる。心の毒である煩悩、怒りの悪魔（瞋《しん》）は追い払うことができる。怒りから発した悪口雑言を相手に謝罪し、出来事はそのまま忘れるに任せればよい。

ダライ・ラマは、他者との関係で共感こそが慈悲の気持ちを強めると教える。[47] 自分を相手の立場に置けば、その状況での相手の対応が理解できると示唆する。

多すぎる選択肢

仏教の友人と、私たちの思考はどの煩悩に支配されやすいかについて話すとき、上位は貪欲（貪《どん》）と心配（痴《ち》）が占める。日常生活で物質的な欲望から逃れるのは容易でない。メディアは、健康な生活を送るための広告、より楽しく過ごすための情報に溢れ、友人に出会えば、最近何々を買ったという話を聞く。すると自分や子どもにも是非手に入れたいという気持ちが湧いてくる。

仕事上の案件や家族の世話などやるべきリスト、予定表に縛られ、心配事が私たちを苦しめる。頭の中で対話が絶えず、考えが錯綜していまの瞬間を楽しむことがない。良い仕事に就き、素晴らしい子ども、友人に囲まれ、生活は恵まれているにもかかわらず、ストレスの重圧から生活を楽しむ余裕がない。肉体的に疲れ、精神的に参り、不満が高じる。私たちの内なる富は本来尽きないはずだが、生活に精魂とも尽き果てたと感じてしまう。

共働きの親は特に、仕事と家庭の両立に苦労し、多くの共働き夫婦は、子どもや連れ合いと一緒に過ごす時間が少なすぎると感じている。働く母親、父親は、疲れと焦りを隠さず、それは子どもたちに対する愛情と接し方にも影響する。共働きの親は、友人や趣味のために過ごす余暇の時間がもっと欲しいと思っている。生活のバランスを見つけるうえで、教育水準は関係なさそうである。事実、大学を卒業した親の方が、仕事と家庭を両立させることに苦労している。焦りの原因の一つは、子どものために「良き親」がするべき、限りのない社会的要求である。子どもをスポーツクラブ、バレー教室、学習塾に通わせる、健康な食事を用意する、宿題やコンピューターを見てやる、流行のものを買ってあげる等々、リストは続く。生活にバランスを得るには、人生をどう生きるか把握して、自分の目標と期待感を管理する必要がある。[48]

生活の歯車の変調を示す兆候は、家に溢れる家財道具やものの数々である。不用品の山に挟まれて暮らし、さらに積み上げる。自分の持ち物を揃えて幸せというより、むしろ息苦しく感じる。かつて本で紹介された断捨離を実行すれば、整理整頓で幸せになり、楽しくなるだろう。[49]

整理がつかない家財の山は、選択肢が多すぎる物質主義的で豊かな社会と、そこに住む私たちの生活の過ちを象徴している。[50] 私たちは、生活のあらゆる面で常時多くの選択を迫られる――スーパーの陳列棚にあるジャムやシリアルの数々、家電量販店の豊富な品ぞろえ、便利な機能満載のスマホアプリ、病気か健康かを問わず提供される医薬品やサプリメント、優秀な教育を売り物にする各種大学。経済理論によれば、選択肢を極大化すれば自由は極大化される。しかし、選択肢が多すぎると、自由あるいは幸せと感じる代わりに、私たちはイラついたり感覚が麻痺したりする。最終的に何かを選んでも、諦めた選択肢に悔いを残して、十分な満足感を得られない。選択肢が多いと、それだけ期待感も高まる。期待感が裏切られると自分を責めることになる。

私の学生は、スーパーマーケットに行って戸惑った経験を、時おりレポートに書く。ある学生は次のように書いた。「スーパーには少なくとも30銘柄のバター（誇張ではありません）が並んでいます。いったい誰がこんなにたくさんの銘柄から選ぶのだろうか。確かに低脂肪バター、無塩バター、柔らかなバターなどの種類はわかりますが、私がびっくりしたのは、こういう種類を、30銘柄それぞれが揃えていることです。バターのような基本食材で、あまりの数の多さに調子が狂って、どれを選ぶべきかわからなくなりました。」私は、食料品店ではいつも同じ銘柄を選ぶことで、買い物時間を最小限にする習慣なので、この報告は驚きだった。「新しい」選択肢を追うことは、私には面倒なこともあり、バターにそんなに選択肢があることを知らなかったのである。

私が食料品を買うときの流儀は、「まあこれでいいか」[訳注3]として知られる経済的解決法の例で、不完全な情報のもとで受け入れ可能な決定をすることである。私たちは、「最善の」決定のために過度な時間ないしエネルギーを使うことはせず、必要性に合致する「満足いく」選択をする。

しかし、貧しくて生活必需品すら買えない多くの人たちには、選択肢そのものがほとんどないことから、「まあこれでいいか」は何の意味も持たない。[51] 貧しい人は、最低限の住居、食料、医療と交通手段を確保するために、ぎりぎりの生活に耐え、家族と地元の活動のために、お金を僅かでも節約しようとする。休暇は論外である。彼らは、足らないお金でやり繰りしようする結果、貧しさそのものにしか関心がなく、他のことに注意が向くことはまずない。貧困の悪循環が彼らの人生を支配する。[52] 質の悪い学校しかなく犯罪率が高い環境に住み、彼らの子どもたちは、十分な教育を受けられないことから、劣悪な仕事に就くか、またそれすらない。その結果、悪い学校の悪い住環境にしか住むことができない。安全な食品と栄養を摂取できないまま健康が害され、肥満化、糖尿病、喘息の比率は高く、早死する傾向がある。

まったく対照的に、[53] 超富裕層の陥る罠をあちこちで見る。金持ちの著名人や経営者は、「夢の家」――すなわち、高価な資材で作られた多くの寝室と浴室、贅沢な美術品と家具、衣服や無数の奢侈品を納めるたくさんの収納庫など、富と権力のあからさまな賛歌――を設計する。広大な邸宅には、近しい隣人はおらず、塀と警備システムで囲われて一般の人々と交わらない。しばしば富豪は、超豪華ヨットも所有しており、ヨットで旅行しないときには、世界中の贅沢な保養地を自家用機でめぐる。

私たちは、富裕国から貧困国に所得を再配分し、一方の選択肢を減らし他方で増やすことにより、選択肢が多すぎる豊かな先進工業地域と、選択肢が乏しい貧困国の人々の生活を両方ともに改善できる。豊かな社会は高級食材（あるいは豪邸や高級車）の消費を減らし、貧しい社会は、基本食料（あるいは住居、交通手段）を増やすことになる。仏教経済学では、すべての人がより豊かになることができる。

所得と幸福

一般的に、所得がある程度確保されれば、人々は生活の充実感が得られるように、お金や才能を使う。では、所得が増えれば幸福感も増すだろうか。

そうだろうと想像しがちであるが、先進国における所得と幸福を比較すると、国民の幸福は国民所得が増えても向上していない。この観察結果は「イースタリンの逆説」[54]（訳注：「収入と幸福のパラドックス」ともいう）と呼ばれ、基本的な欲求が満たされると、一人あたりの平均所得が上昇しても、国民の平均幸福度は長期的に同じレベルに収斂する傾向がある。

これに関する説明として、心理学者は、ことの良し悪しを問わず人々の状況ないし事象への適応性を指摘する。[55]人は悪い出来事を恐れるが、幸いにして、懸念するほど実際は影響されない。良い出来事についても同じである。さらに、人々は利益を得ることよりも、損失を避けることを強く選好する——経済学者は**損失回避**と呼ぶ——きらいがある。私たちは、良い出来事（昇進する、試合に勝つ、新車を買う）を心待ちにし、楽しむかもしれないが、ほどなく慣れてしまい、生活満足度の基本感覚はもとに戻る。

肉体的・精神的健康、教育水準、薬物の使用や肥満度で測られる**生活の質**（ＱＯＬ）と所得の関係を先進国間で比較すると、どのような結果が得られるだろうか。これらのＱＯＬ指数[56]は、各国の平均国民所得とは関連せず、所得の不平等が高まると悪化することが判明した。この結論は極めて重要である：**幸福と生活の質は、一国の平均所得ではなく、所得格差の程度に関連する。**

残念なことに、このパターンは米国にも当てはまり、他の先進国に比べ米国の所得格差が拡がるにつれ、健康と福祉の指標は低下している。[57] 米国の死亡率、平均寿命、子どもの貧困率、投獄率、一般的健康状態の指標は、かつて格差がそれほどでもなかった１９８０年には、高所得国の中でトップレベルにあったが、今日では最低かそれに近い。別の調査によれば、乳児死亡率が欧州に比べて劣るのは、ほぼ間違いなく過度の不平等に起因している。[58]

国民の幸福は国民所得とともに改善はしないが、富裕国の**国内**を見ると、生活の質を示すＱＯＬ指標は所得とともに改善し、所得が増すにつれて家族の健康、教育水準その他のＱＯＬ指標は上昇する。[59] また一国の国内では、相対的所得階層が上るにしたがい、生活の満足度ないし幸福感は上昇する。これは、ある家族の幸せと生活の満足度は、他の家族との相対的な所得に依存する、という相対所得仮説[60]を裏づける。国民の不平等が高まり、最高の所得階層と他の99パーセントの所得格差が拡がるにつれ、典型的な家庭の幸福感は減退する。すべての人々の幸福という意味での経済実績を評価するうえで、平均国民所得はあまり意味がないことが、ここでもわかるだろう。

他の人々との相互依存という観点からは、所得の不平等が不公正なことは明白である。格差の拡大により、最下層の人々の健康と社会問題は悪化するため、すべての人たちが傷つく。歴史を通じて哲学者は、一部の人を極貧状態に取り残すような極端な所得格差に反対してきた。古代、プラトンは、貧困も過度な富いずれも個人と社会に有害な結果をもたらすと考えた[61]。現代の哲学者ジョン・ロールズは、社会的および経済的不平等が正当化されるのは、社会の最も弱い者にそれ相当の便益が提供され、すべての人が社会で活動するうえで必要な基本ないし基礎財を有しているときだけだと論じる[62]。ある調査によると、米国人は、不平等は有害であり、政府の施策によって金持ちとその他の人たちの格差を縮めることができるし、縮小すべきだと考えている[63]。

自由市場経済学者は、人々が勤勉に働き、経済への貢献に報いられるためのインセンティブとして、不平等は必要であると考える。しかし、本当に不平等は好業績に対するインセンティブとなっているのだろうか。ＣＥＯ（最高経営責任者、経営者）の報酬（年間の報償金総額の価値）と会社業績の最近の調査結果によれば、経営者の報酬が上がるにつれ会社業績は下降している[64]。報酬が低い経営者のほうが、会社をうまく運営している。さらに、経営者の報酬と会社業績の負の相関関係は、報酬が最も高い１５０社で際立っていた。それにもかかわらず、会社業績を上げるために経営者の報酬を下げるべき、と経済学者が主張したとは聞かないし、自由市場経済学者は相変わらず、法外な経営者の報酬は必要なインセンティブであると論じている。

物質的幸福

家庭間の所得分配は、一国の厚生と人々が実際どのように生活しているかを評価するうえで極めて重要である。[65] 生活の質に対する家庭の評価は、相対的所得と支出総額を反映する。なぜなら一般的に家庭は、自分たちのすぐ上の所得層が何を消費しているかによって、自分たちの生活水準を判断するからである。所得格差が拡がると、より上の所得層に追いつこうと、人々が消費を増やそうとすることがわかる。格差の拡大により社会は、同じ国民所得でも満足度が減退する。

経済学者は伝統的に、家庭の消費を基礎財（必需品）、娯楽財（ゆとり財）とステータス財（奢侈財ないし特権的財）に3区分してきた。基礎財は、ほとんどの家庭が消費する財・サービスで、食料や住居など基本的な物理的必要性と、交通や娯楽など社会における最小限の要求を満たす支出を含む。基礎的な要求を上回る支出は、生活をより快適に面白くするゆとり財と、見せびらかしや排他性によって社会的地位を誇示する奢侈財に分解できる。同じ支出でも、基礎財、ゆとり財と奢侈財を含むことがある。たとえば、ある家庭の住居費は、適当な場所を賃借するために必要な最低金額（基礎財）、さらに快適に住むために必要な部屋数に支払う加算額（ゆとり財）、さらに社会的地位と独占的空間を示す広大な敷地と門柱がある山手の豪華マンション用加算額（ステータス財）を含む。家族は、基礎的なレクレーションのため地元の公園で遊ぶか、ゆとりを求めて週末に近くの州立自然公園にドライブに行くだろう。あるいは何万ドルも払って豪華クルーズ客船で、大衆とは無縁[66]の秘境に出かけるかもしれない。

経済的、技術的な発展とともに。基礎財は拡大し変化する。国ごとの基礎財の相違は、文化と経済発展水準を反映する。基礎財を購入できる家計の力は、家族の幸福を定義するうえで決定的に重要と考えられるだろうが、社会規範のために、基礎財に代えてゆとり財、あるいはステータス財の購入すら見られるかもしれない。たとえば母親が子どもにバックパックを買う際、子どもどうしが見せ合うことを意識して、単純で安価なもの（基礎財）ではなく、値段は高くても人気キャラつきのバックパック（ゆとり財）を選ぶ場合が当てはまる。

労働者から専門職まで、多様な所得階層に所属する米国の家庭が、20世紀を通じて基礎財、ゆとり財そしてステータス財にどのようにお金を支出したかを、かつて調査分析したことがある。[67] その結果、所得が増えるにしたがい、家庭は自分より高所得の家族の支出パターンを模倣し、新製品や目新しいサービスを自分の生活スタイルに取り込むことが判明した。１９１８年に労働者家族は、家計の93パーセントを基礎財に、２パーセントを奢侈品にあてていた。１９８８年には、彼らは家計の55パーセントを基礎財、23パーセントをゆとり財、22パーセントを奢侈財に使っていた。この70年間、家庭の所得が劇的に増え、多様な財をより多く消費するにつれ、彼らの生活水準は改善してきた。しかし、自分たちより急速に豊かになってきた家庭を真似て、ステータス財に支出する行為で示されるように、労働者の家庭は格差拡大の痛みを実感してきた。

仏教経済学では、格差の縮小と適当な金銭的保障により、家庭はステータス財を望まなくなる。すべての家庭が基礎財を確保したうえで、快適で楽しい生活を送るため、人々は多様な財を使う。地位を顕示するステータス財の消費は、生活の質（ＱＯＬ）全般の向上にはつながらない。なぜなら、ステータス財の消費は、他人の犠牲に立って幸福感を得るゼロサムゲームだからである。ロバート・フランクのような経済学者たちは、この無駄な現象を「地位をめぐる軍拡競争」とすら呼んでいる。ステータス財の購入は浪費であり、社会福祉全体の向上には役に立たない。

不平等が金持ちとその他の人々の所得格差を拡げると、金持ちはステータス財にさらに支出するようになる[68]。彼らは、他の富裕層との相対的地位を維持するために、より大きく贅沢な家を購入する。すると取り残される他の人たちは、生活水準が低下したと感じる。全体として、大豪邸を取得した金持ちの幸福感は向上せず、その他の人たちは自分の家に不満を抱く。この不満の悪循環を止める一つの方法は、政府がステータス財に高率の贅沢税を課すことである。

仏教経済学は、生活水準や人生の物質的側面を無視するものではない。美学や芸術は仏教において重要である。文学と芸術における創造性、庭園や料理は、人間精神を涵養するうえで然るべき役割を有している。しかし、物質的財あるいは特定の生活スタイルへの執着は、仏教経済学の世界において日常生活あるいは国民経済の原動力ではない。そうではなく物質的な持ちものは私たちの才能を引き出し、人間精神を開発するために使われる。

なぜそんなに働くのか

この質問は何十年もの間題提起されてきた。しかし、所得が快適な生活をするうえで十分になれば、人々は馬車馬のように働くことを止め、バランスのとれた生活をするとの予測は、ほとんどの豊かな社会で裏切られている。

それでもいくつかの富裕国の人々は、旅行のために（ドイツ）、あるいは家族団欒のために（デンマーク、オランダ、ノルウェー）有給休暇を大切にしている。[69] 週労働時間の平均はまだ長いが（ＯＥＣＤ（経済協力開発機構）34ヵ国で36・8時間）、家族や長期の休みのための有給休暇が増えるにつれ、富裕国の年間労働時間は短くなってきた。西ヨーロッパにおける年間有給休暇は20日から30日の間である。２０１４年にドイツ人は平均１３７１時間しか働かず、デンマーク、オランダ、ノルウェーの労働者は約１４３０時間だった。これら実際の労働時間を52週に割り振ると、週平均労働時間は26〜27時間に過ぎない。

富裕国の中には、家族や休暇のための有休をあまりとらず、長い年間労働時間を保っている国もある。２０１４年の年間労働時間は米国では１７８９時間、日本では１７２９時間だった。その年米国の平均的労働者は、ドイツの平均的労働者よりも４１８時間、あるいは12週間多く働いたことになる。世界中で米国人よりドイツ人観光客をずっと多く見かけるのは不思議ではない。

社会学者のヘレン・リンドとロバート・リンドは、１９２０年代の古典的な研究『ミドルタウン』において、「なぜ彼らはそんなに働くのか」とたずねた。彼らの答えは、「実業家も労働者もともに、限りなく膨らむ欲を満たそうと、金儲けのため懸命に働いているように思える」[70] というものだ。

この1世紀前の社会学的解答は、今日の経済学的解答を反映している。すなわち、より多くお金を得るために自分を長時間労働に駆り立てる。今日も私たちは、どこに居ようが1日24時間週7日、スマホやパソコンにつながれて、自分の欲を満たすために、必死で走り続けている。仕事と余暇の時間は区別できず、数分おきにフェースブックやツイッターをチェックし、メールを開けることで、仕事と家庭と社会活動は一体化している。仕事が終われば扉を閉め、自由時間を楽しむという発想は、絶滅危惧のリストに入ってしまった。

仏教経済学では、人と人の結びつきはインターネットではなく心の中で、そしていまその瞬間に何が起きているかを、心して意識することによって生じる。もはや私たちは、生活を楽しむために多くの時間を渇望することはなく、心して意識すること（マインドフル）で瞬間瞬間を味わう。過度に働かなくても消費の必要性を満たすことができるし、家族、友人、地域社会、そして苦しんでいる遠方の人たちを助けるために、自分の才能と資質を使う。

就業規則で短い休憩時間と長時間の勤務体制が決められているから、自分自身の労働時間を減らすことは非常に難しい。もし自分勝手な勤務日程を作ろうとすれば、首になるか、昇進の見込みがない閑職に追いやられるだろう。年中無休の労働倫理のもとでは、流れに逆らえば、処罰を覚悟しなければならない。

労働時間の削減は、国あるいは州レベルでなされる必要がある。先進各国は、長期休暇と家族のための有給休暇、さらには引退後を楽しめる比較的早期の退職で、労働時間を減らした欧州諸国の事例を見習わなければならない。そうすれば、もっと多くの仕事が、自分の能力を発揮したい人たちに行き渡り、仕事の自動化も歓迎されることになる。

また、すべての人が、病気や失業が原因で貧困に陥ることはないという、安心感を持つ必要がある。人々が安心して社会の一員と実感できるよう、政府は適切な所得支援策を講じなければならない。労働時間の短縮、家族中心の政策、そして所得支援制度は、家族と仕事のバランスを取り戻すだろう。そうすれば私たちの経済は、家庭が幸せであるために必要な資源と扶助制度を備えることになる。

苦しみの軽減

すべての人の幸せは互いに依存しているため、苦しみの軽減は、仏教経済学モデルの不可欠な一部であり、個人から世界に至るあらゆる活動に拡がる。

公正公平な経済システムをいかに作るかは、仏教経済学と自由市場経済学の違いを明白に浮き彫りにする。すでに見たように、自由市場経済学は、市場はうまく機能しており、社会的厚生を最大にする最適な結果を生み出すと想定する。また、自由市場を創り出す競争の前提条件は、現実社会には実際に存在しないことも、すでに見たとおりである。自由市場は白昼夢であり、政治的議論の支えでしかない。

現時点では、仏教経済学も——少なくとも物質的経済においては——理想主義的な白昼夢であるが、しかし世界中の多くの人々と政府が、苦しみを最小化するために手を携えれば、この経済システムは実践可能である。希望のない悲惨な状況で生きる人たちの苦しみを軽減すれば、私たちはすべての人の厚生を改善する。苦しみを最小化する方法の一つは、極度の貧困をなくすことだ。２０１０年に国連は、１９９０年現在の極度の貧困率を半減するミレニアム開発目標を達成した。２０１５年の期限前にこの目標を達成したことにより、いまなお極度の貧困と飢餓のもとで暮らす12億の人たちの生活を改善できる、いや改善し続けなければならないことが示された。

国民皆保険の導入により苦しみを軽減し、すべての人々にとって、安全で基本的な外科治療を受ける道が開かれねばならない。[72] しかし50億人、すなわち世界で７人に５人が、外科病院が近くにないか、手術代を払えないかの理由で、救命手術を受けることができない。その結果、数百万人が盲腸、出産、複雑骨折その他の治療可能な疾患で死んでいる。基本的な外科医療を提供すれば、世界で年間１５０万人の命を救うことができる。

仏教経済学は、私たちに慈悲の実践を求め、たとえ他国に住み、知らない人たちであっても、社会の構成員一人ひとりを気遣うよう求める。経済学者ジョン・ロールズとアマルティア・センのモデルを使って、人々が自分たちの地域社会で欠かせないとみなす基礎財を持っているかをまず判断し、そして彼らの潜在能力に基づいて幸せを評価する。私たちは、健康で快適な生活に必要な、最小限の基礎財すら持たない家族の苦しみに、特に注意を払う。

仏教経済システムでは、衣服、電気器具その他の製品コストを下げるため、不健康で過酷な環境のもとで、長時間働く人々の苦しみを軽減することが求められる。小売店に対し、人間的な環境で生産された品物だけを置くように要求する、外食産業の従業員が生活賃金を確保する、あるいは児童労働法が施行されることを要求する。これらは、目標への小さな一歩である。政府に対して炭素汚染の削減を求めるのも方法である。私たちがもっと心満たされた（マインドフル）生活をし、日常生活がそれを反映するにしたがい、私たち自身の幸せを向上させつつ、他人の苦しみを軽減できるような、他の多くの方法を見出すだろう。

仏教経済学では幸せを多次元的に評価することが求められ、それにはすべての人たち、特に極度の貧困にある人々の機会と潜在能力の査定を含む。仏教国ブータンは、国民の繁栄と幸せを計測するため、ＧＤＰに代えてＧＮＨ（国民総幸福量指数）[73]を使用する考えを導入し、世界中で大きな話題となった。国民総幸福量指数は、９つの生活の重要分野で、すべての人が関わると考える基礎項目を特定し、その充足度合いを測る尺度を設ける。重要分野には精神的肉体的健康、地域の活力や生態系の回復力などが含まれ、これらの分野の達成度合いを使って、国民を不幸から極めて幸福まで４つのグループに区分する。ブータンは、すべての人が極めてあるいは十分に幸福であるように、政策を絞り込むべくＧＮＨを利用している。（ＧＮＨの詳細は第６章参照。）

戦争と暴力

戦争は、世界中で計り知れないほどの人的苦しみをもたらすにもかかわらず、もっぱら政治との関連でしか語られない。戦争の莫大な経済コストはほとんど議論されない。米国のイラク戦争とアフガニスタン戦争は、米国の歴史上最も金がかかった戦争であり、ハーバード、コロンビアおよびブラウン大学の調査によると、両者のコストは４兆から６兆ドルに達する。[74]人的損害は概ね無視される。イラクの大部分とアフガニスタン、さらに周辺諸国の破壊、兵士のみならず罪のない大人と子どもの犠牲――これらグローバルな悲劇をもたらした戦争に、米国の国民は資金を提供した。しかし、人の苦しみが国際的な注目を集めるのは、戦争が当該国以外の国で問題を引き起こすときである。たとえば、数百万人の絶望したシリア難民が、命がけで安全で豊かな欧州諸国に渡り、そして送り返された事例を思い出してほしい。

米国が出費したお金が、地域に平和を取り戻さなかったことは明らかだ。その代わり、憎しみと復讐の念を煽り立てた。戦争は、米国も安全にしなかった。国内と海外の人々の生活向上に役立てることができたはずの、しかし実際は戦争に使われた数兆ドルは、全世界でさらなる暴力を引き起こす元凶となった。

米国は、国内でも暴力に悩まされている。銃規制法の欠如により、子どもを含む数多くの罪のない人々が死んでいる。２０１３年、１万１２０８件の殺人（そして2倍近い自殺）と３万３６３６件の傷害事件で銃器が使用された。[75] 人種差別もしばしば暴力の一部をなし、無実のアフリカ系米国人——彼らの多くは、自分たちの命は使い捨てだ、との恐怖と背中合わせで生きている——が警官によって殴打され、さらに死に至ったケースすら報告されている。

非暴力は仏教経済学の中核であり、紛争解決には暴力ではなく慈悲を使うことを訴える。仏教は、自己防衛と攻撃からの自国防衛は最後の手段として認めるが、侵略者であってはならないと教える。戦争突入の道義的問題[76]を議論するに際して、他国や特定の宗教グループに対する恐怖、あるいは復讐や貪欲によって開戦を正当化することを避けるために、国は正直に動機を吟味しなければならない。国家は自分自身に嘘をつきがちだからだ。

ダライ・ラマは言う。「戦争と大規模軍需産業は、世界における暴力の最大の源泉である。その目的が防衛的か攻撃的かを問わず、これら強力な組織は人間を殺すためにのみ存在する……私は心底戦争に反対するが、宥和を訴えるものではない。この点だけは明確に申し上げておきたい。不当な侵略に対抗するために、強い姿勢を貫かねばならないことがしばしば生じる。」[77]

共同体での安らぎ

仏教は、私たちを導き支えるために仏法僧の「三宝」を敬えと説く。仏性が私たちを養い、法が道を教え、僧すなわち僧伽《さんが》は家族と友人の共同体であり、私たちに勇気を与え活力を補充する。価値と目標を共有し、考え方の通じる仲間どうしの共同体なくして、仏教経済学の実践は期待し難い。

人々は、社会的かつ精神的な支えとなる共同体を必要とする。それは家族と隣人――隣の人のみならずスポーツや趣味、宗教を分かち合う仲間――が中心となる共同体であり、さらに古い友人、仕事仲間、子どもの活動を通じて出会う家族へと拡がる。共同体の中でも個人的な僧伽は、人生の浮き沈みを共にし、心に秘めた恐れや願望を打ち明けることができる、そういう親しい友人仲間である。お互い愛し信頼する人たち、お互いの幸せを自分のものと同等と（あるいはそれ以上に）みなす人たちが僧伽を形成する。

ティック・ナット・ハン（釈一行）は、他の人たちと一緒になれば、心豊かに生活し、変化を創り出すためのエネルギーをさらに大きくできると説く。「集団での共感、マインドフルネスと集中が、私たちを育てるだけでなく、地球の平衡を再生し、バランスの回復を助けることができる。共に私たちは、自分自身と世界のために真の変革を実現できる」[78]と書く。

もし個人的な僧伽を持たないと感じていれば、時間をかけて作るよう心がけるがよい。僧伽は、困難にぶつかり共感と寛容を必要とする人へ、人びとが助けの手を差し伸べる場である。何の対価も期待せず、他人を助け親切にすれば、そのとき私たちは親密な友人の支援ネットワークを作り上げる。幸福の研究は、助けを必要とするときに相談相手がいることは、人生における満足感の重要な源であることを示している。

私たちは、援護を必要とする人々が問題を抱えたときに支援できる、社会的ネットワークの形成を助ける必要がある。地域社会は、人々やグループと一緒に活動できる力を持つことで、社会的支援ネットワークを求める人との結びつきを助ける必要がある。たとえば、アルコールや薬物依存症の人たちは、同じ環境の古い仲間と縁を切り、依存症とは無縁の新しい友人たちと支え合う共同体を作らなければならない。

良い近隣環境に家を持つ余裕のある家庭は、住人たちがお互い注意しあう地域社会に住み、学校が子どもたちに良い教育を提供することが、いかに重要かを自覚している。子どもが育つ住環境は、子どもの将来に大きな影響を及ぼすことを経済学者は知っている。[79]子どもの社会的階層向上の機会について郡を格付けすると、どこの州かを問わず極端に異なる。あなたが住む郡が、経済的機会を提供するうえで、上位あるいは下位に格付けされているか調べてみるとよいだろう[訳注4]。「米国では近隣環境によって、個人の経済的、健康上そして教育面での結果に大きな差異がある」[80]ことが経済研究で判明している。

自由になること

仏教経済学において自由が実現するときとは、[訳注5]私たちの現実がもはや概念と幻想によって曇らされず、すべてが移ろいやすく、すべてが相互依存にあると理解するときである。自由とは、限りない財・サービスから選べる能力を有すること、とは考えられない。いまや自由は、人の価値や目標、国の文化や政治によって異なる、多くの異なるものを意味する。

　開発途上の世界では、人々が自由であるかを判断するうえで、人権、特に女性と子どもの人権が決定的に重要であることは論をまたない。仏教経済学は、一人ひとりが意義ある生活を送るために必要な能力を持つべきである、という原則に基づいている。そして、この能力を身につけるうえで欠かせないのが、透明で正直な政府のもとにおける人権である。

　法によって人権が広く守られている裕福な民主主義国家においては（人種と性差別および暴力がいまもあるにせよ）、自由は、他人あるいは政府の干渉なく、好きなように発言し、行動し、住むことができる権利を通常意味する。しかし、仏教経済学では自由はそれを超える。自由とは、**煩悩**、すなわち有害な考えと行いに起因する苦悩から解放され、他の人たちや地球と互に依存し合い、充実した意義ある生活をする能力を持つことである。

　仏教経済学において、人間の精神を大切にすることは生活スタイルの一部をなす。自分の所得と地位を最優先することに代えて、他人と結びつき他人をいたわる、欲望と執着を打ち捨て、私たちがいかに幸運であるかに焦点を当てる、要求が絶えない自我から解き放たれる――そのとき私たちは、人生の美しさと喜びを実感する。

第４章　人と環境の相互依存

あなたはお互いをそして多くの生き物をいたわり、
人はあなたの荘厳な輝きをみつめる。
幾世紀もの間、あなたは嵐、火事、干ばつに勇敢に耐え、
堂々と立つ。
あなたは何も求めはしなかった、これまでは。
しかしいま、あなたは人に働きかけ、
大自然への暴力を止め、
炭素依存の経済を超え、戦争を止めるよう懇願する。
耳を傾け学ぼうではないか。

――森の妖精、「アメリカ杉に寄せる歌」（２０１５年８月）

化石燃料に依存する経済システムは、母なる地球を殺し、なかんずく人類の存在を脅かしている。

産業革命が2世紀以上前に始まってから、人の活動は大気に二酸化炭素を吐き出し、森林を破壊し、水を汚してきた。私たちが知る地球はこの殺戮を生き延びることができない。私たちは、化石燃料への依存と自然資本の無茶苦茶な乱用に終止符を打ち、エネルギー、土地そして水の持続可能な利用によって、生態系の一部としての生き方を学ばねばならない。すでに気候変動は、極端な暴風雨や旱魃、海面の上昇と水の供給減を通じて、人類その他の生物種を害するどころか殺しつつある。すでに大気中にあるCO_2が今後数十年地球を暖め続けるのに伴い、これらの問題は加速するだろう。生態系を修復するために、人々や各国が速やかに行動しなければ、将来世代は地球に住めなくなるかもしれない。

人間は生態系の一部を構成するとの認識のもと、仏教経済学は、私たちの日常活動を環境に結びつけ、私たちは、日常生活の中で自然に地球をいたわる。もはや環境は、利益や私欲のために利用するものとはみなされない。仏教経済学は、人や動植物それぞれの価値と美しさが見えるよう、私たちに対し現実を直視し、自然とお互いの相互依存を見定めるよう促す。開発、支配する代わりに、大自然を育み、心地よく生きるため、人々は知識、意思、才能、そして自由を活用する。

私たちの行動がどのように環境に影響するかを計測するに際し、仏教経済学は、「**害をなすなかれ**」[訳注6]の目標を支持する。持続可能性は、仏教経済学モデルの明示的な一部であり、地球をいたわり、修復し、容赦ない破壊を止めることにより、すべての人が関わらねばならない。私たちの持つ知識、経験、才能を使えば、各人がなんらかの貢献をできる。すべての利益になる、地球上での新しい生き方を、ともに創造することができる。

経験では、知識あるいは情報が多いからといって、人々の行動が変わり、政治活動に結びつくわけではない。[81] 人々は、有害な人為的気候変動の存在を認めつつ、しかし、生活スタイルは変えようとしないことがありうる。あるいは、個人的なイデオロギーや好き勝手に消費する権利を基に、気候科学を拒否することもあるだろう。

国民の対応

気候変動は現実であるが、理解し対処することは容易ではない。気候変動は、素人には掴みにくい複雑な科学が絡む。しかし、すでに始まっている災いの緩和を目指す経済政策を開発し提唱するには、それを理解しなければならない。環境に関する道徳的論拠は方向性を与えても、それだけでは直接の速効性のある行動に結びつかない。人々と企業は、経済的なインセンティブに反応するし、政府は、持続可能な経済を築くために価格と規制を利用しなければならない。

科学者は、第六の絶滅として知られる現在進行中の種の絶滅は、すでに本格化していることを示している。世界が実行すべき温室効果ガス（ＧＨＧ）放出の削減必要量は、科学的に判明している。環境経済学者は、生態系の中でグローバル経済が持続可能に機能しうる方法を提唱している。宗教指導者は、地球温暖化を止める道徳的責務を明らかにしている。２０１５年12月１９５ヵ国が、パリの国連気候変動枠組条約締約国会議[82]（ＣＯＰ21）で、地球の温暖化を２℃に抑える、初めての世界的な気候協定を採択したことで、世界は政治的に前進した。翌２０１６年４月22日地球の日（アースデイ）に、国連本部で１７５ヵ国・地域の指導者が協定に署名した。その後も現在まで、中国と米国の２大汚染国を含む多くの国で、政治の壁が２℃の目標達成に必要な政策の実現を阻んでいることから、私たちは国に圧力をかけ続け、実行を徹底させなければならない。

私たちは、地球を修復するのに必要な知識と、そうすべき道徳的責務を有している。いまこそ私たちは、自分たちと地球を癒すために、個人として国として、行動する意思を見出さねばならない。気候変動に対する国民の対応は、４つの力を集約しなければならない。すなわち、**科学**、**経済学**、**道徳**および**政治**の力である。

科学

化石燃料に依存する私たちの経済は、地球の重要な生態系をいくつか不安定化させてしまった。世界中の科学者による多くの研究が、すでに起きている環境の悪化と、地球温暖化が、今後数十年にわたり私たちの生活を害し続けることを証明している。１９８８年に国連は、気候変動の原因、影響と緩和方法を研究するために、世界中から数百名の科学者を呼び集め、気候変動に関する政府間パネル（ＩＰＣＣ）を創設した。ＩＰＣＣの第５次評価報告書（２０１４年）[83]は、地球温暖化と生態系の変化をもたらす温室効果ガス放出の増加は、主に人間活動が原因であると明確に指摘した。もし各国がこの排出を——特に工業国はCO_2を、途上国は排出微粒子（ＰＭ２・５など）を——直ちに減らさなければ、人類は、より猛烈かつ予測困難な暴風雨、深刻な洪水、厳しい旱魃、農業生産の減少、海水面の上昇に見舞わられることになろう。

30年間以上、気象学者ジェームズ・ハンセンと環境活動家ビル・マッキベンが発した気候変動の早期警告は無視されてきた。[84] １９８８年ハンセンは議会証言で地球温暖化について説明し、炭素排出量削減のための行動を訴えた。マッキベンは１９８９年の著書『自然の終焉』で、気候変動の危険性を生々しく描写した。しかし、ほとんどの人たちは、地球温暖化の警告は自分らには無関係であるかのように、生活を楽しみ続けた。

温室効果ガスと黒色炭素の源

温室効果ガスの排出を止めるには、まずそれが何であるかを知らねばならない。２０１０年地球全体で、温室効果ガスの76パーセントを二酸化炭素が占めた（石炭、石油、天然ガスの燃焼によるもの65パーセント、森林伐採と土地利用11パーセント）[85]。メタンガスが16パーセント（農業、ごみ処理および天然ガス（メタン）の産出）、亜酸化窒素が６パーセントを占めた（肥料の利用とバイオマスの燃焼[訳注7]）。

温室効果ガスを生む一次的な経済活動は、エネルギー生産（ほとんど電力と加熱）が35パーセント、農業（大部分は畜産、米作、施肥、森林伐採と焼畑）が25パーセントを占める。農業の数値は、森林生態系が大気から**吸収する**大量の二酸化炭素を差し引いてあるので、これがなければ実際の農業の温室効果ガス排出量はずっと大きい。さらに21パーセントは、電力使用を除く工業生産（特にセメント産業）に起因し、14パーセントが運輸（乗用車、トラック、航空機、列車と船舶）、６パーセントが建物である。[86]

セメント産業について、ほとんどの人はその汚染の大きさや経済成長における重要性を知らないので、若干触れておきたい。セメント産業は、地球上のCO_2排出量の５パーセントを占め、中国が世界のセメントの半分近くを生産する。意識しないだろうが、コンクリートは建物、道路、歩道やダムの建設に使われ、世界で一人につき毎年３トンのコンクリートが「消費」される。[87]

　地球温暖化が生じる理由は、地球が自然に炭素を吸収し、熱を宇宙に放射するペースよりも速く、人間活動が温室効果ガスを排出しているからである。[88] 気候科学者は、地球がエネルギーを得ているか（太陽光の吸収）、あるいは失っているか（放熱）を知るため、地球のエネルギー・バランスを計測する。エネルギーの不均衡は、ネット気候強制力——すなわち、世界的な気温上昇を引き起こす、地球エネルギー・バランスへの無理な加算——を明らかにしている。大気中の二酸化炭素は、宇宙への放射を減らし、地球の気温を上昇させる。自然は自分の力で炭素を吸収し、主たる二酸化炭素吸収源は森林、海洋と土壌である。しかしこれら自然の吸収源は、人間活動が排出する大気中の炭素量を吸収し尽くすことができない。

　途上国においては温室効果ガスとは別に、地球温暖化をひき起こす大きな源が存在する。黒色炭素による大気汚染である。[89] 黒色炭素は微小粒子（特にＰＭ２・５（微小粒子状物質）あるいは「煤煙、すす」）で構成され、燃料の不完全燃焼（主として屋外で燃やされる草木と山火事）、料理や暖房用の牛糞と薪の使用、ディーゼルエンジンおよび工業生産（特に石炭火力発電とセメント工場）によって大気中に排出される。世界保健機構（ＷＨＯ）は、２０１２年世界中で死亡原因８人に１人に相当する７００万人が、大気汚染により死亡したと推計する。[90] 太平洋と東南アジアの貧困国では、３３０万人が屋内の空気汚染（料理と暖房の煙）で、２６０万人が屋外の空気汚染（乗用車、トラック、発電所および工場の煤煙を含む）により死亡した。

ひどく汚染された空気に住む辛さは、自分で経験しないと理解しにくい。私は、日常生活でこれが何を意味するかを、２０１５年2月夫とともにムンバイに着いたときに学んだ。着くや否や目が刺すように痛み、肺がゆっくりするよう悲鳴を上げた。大気汚染、あるいは煤煙が、肺を常時害しているからである。この悪化は、貧富を問わず、たとえ家庭で空気清浄器を使おうとも、生活から汚染を排除できないすべての人たちに影響する。そこから私たちは、大気汚染が「不健康」レベルのムンバイに対し「危険」レベルのニューデリーに飛んだ。夫は肺炎を起こし、私は微粒子を取り除くマスクをつけた。騒々しい道路渋滞に加えて臭気とスモッグで、外を歩くのは不快で不健康だった。ニューデリーを離れてやれやれと思ったのは束の間、北インドの他の都市も危険レベルのスモッグに見舞われていた[91]。インドの大気汚染は世界最悪であり、ニューデリーの空気は世界で最も汚い[92]。

科学技術の役割

仮に人類が温室効果ガスの放出を今日止めて、二酸化炭素を吸収する森林の伐採を直ちに中止しても、二酸化炭素は大気中に約1世紀もの間滞留するため、地球の温度は上昇を続けるだろう。大気中の炭素を除去し、太陽エネルギーを再びバランスさせる地球の自然プロセスは、極めてゆっくりしたプロセスである。

多くの人たちの願望にもかかわらず、新しい科学技術、たとえば地球の生態系に大規模に介入する地球工学が、私たちを救える可能性は低い。現在、主として2つのタイプの地球工学が研究開発されている。一つは二酸化炭素の除去で、温室効果と海洋の酸性化を軽減するために、大気中の二酸化炭素を取り除く技術である。もう一つは太陽放射管理で、温度上昇を抑えるために、太陽エネルギーの一部を宇宙に反射させようという試みである。どちらかの技術が効果を示すかは、時を待たねばならないだろうが、各国が炭素排出の削減に速やかに取り組まない現状では、地球温暖化を目標値2℃以下に保つため、地球工学を利用するほかあるまいと、多くの専門家は考えている。

新技術の具体化に際して直面する課題の一例は、石炭火力発電所の二酸化炭素除去を含むＣＣＳ（地下貯蔵などCO_2回収貯留技術）[93]である。かつて喧伝された手法は、すでに数十億ドルもの開発コストをかけている。しかし、施設費と操業コストが高いため、産業界によるＣＣＳ採用は遅々としている。唯一カナダのある発電所がＣＣＳシステムを導入したが、期待値に比べ出力が低い一方、汚染が発生し、かつ維持費が高く、システムの操業効率は悪い[訳注8]。

二酸化炭素の地下貯蔵は安全性に潜在リスクが残るため、環境問題専門家もＣＣＳを快く思っていない。科学者もまた、ＣＣＳが地球温暖化を軽減するうえで、十分な効果を発揮できるか疑問視している。空気から二酸化炭素を除去する研究の一つは、CO_2の除去が期待したほど海洋に対し効果がないという、失望する結果だった。[94] 毎年大気から5ギガトン（訳注：ギガは10億）もの二酸化炭素（人間活動による現在の年間CO_2排出量の半分）を取り除いても、海洋酸性度の継続的上昇はほとんど変化しない。問題は、海洋が炭素排出物を吸収し、その結果温かくなり、酸素が減り酸性度が高まることである。一旦人類がCO_2を排出すると、その一部は海洋に損害を及ぼし、たとえ大気中のCO_2が事後的に回収されても変わらない。

もう一つ留意すべきは、新技術は予期しない副作用をもたらしがちだという点である。たとえばエタノールの開発は、広大な農業用地を必要とし、穀物価格を引き上げることから、賢明な策ではないと判明した。巨額の政府補助で開発された水圧破砕法（フラッキング）も、当初は名案と思われ、米国の石油輸入依存度を下げることに成功した。米国は世界最大の天然ガス産出国になり、[95] ２００８年から２０１４年にかけて米国の産油高は80パーセントも伸びた。だが不幸にも、水圧式ガス坑口とパイプラインで大量のメタン漏れが発生した。また破砕には圧力をかけた莫大な量の水を使用し、周辺地域の水源はしばしば汚染される。当初、発電所の「クリーン」な代替化石燃料と謳われた天然ガスは、メタン漏洩により、石炭よりも急速に地球温暖化をもたらしかねない。[96]

時間は限られ、コストは高く、かつ特効薬は存在しない。

気候変動の展望

科学者は、地球温暖化の歴史と影響を熱心に学習してきた。そして新たな知見がもたらすニュースは暗い。地球の温度は当初の予測よりも急速に上昇しており、気候変動は予想よりも速く生じている。[97] ある研究によると、世界中で死と悲劇をひき起している異常高温の75パーセントと異常豪雨の18パーセントは、地球温暖化に原因がある。

温められた大気は、より多くの水分を保ち、放出できるため、地球温暖化は異常な嵐と異常な旱魃の両方をひき起こす。カリフォルニアなど多くの地域が、水系の供給源として積雪に依存しているが、温暖気候は集中豪雨をひき起こし、山岳地帯で降雪となる代わりに、雨は湾や海洋にそのまま流れてしまう。これは、人が利用できる地下水と表層水の減少を意味する。

気温の上昇とともに、グリーンランドと南極の氷床、北極の海氷、そして世界各地の氷河は溶けている。その結果、海面が上昇し沿岸都市が脅かされている。[98] 水が温まり、酸性が強まるにつれ、海洋の質も劣化し、サンゴ礁や海洋生物の死を招いている。

自然の速度にせよ指数関数的な速度にせよ、新たに生じている事象に対し、人の対応が遅いことは特段新しいことではない。スコットランドの寓話から一例を紹介しよう。昔ある村に、水と魚を村民に供給し、泳いだり遊んだりする湖があった。ある日村人は、湖に緑藻が生えているのに気づいたが、生えている場所がまだ小さいことから無視した。翌日、ある賢い女性が心配になり、藻が非常に早く成長しており、一晩でその範囲が倍になったと皆に指摘した。長老たちは、何をすべきか議論をした。ある漁師は、藻はすぐに湖を覆って魚を全滅させるだろうから、ただちに皆で行動しなければならないと主張した。他の村人は、湖が元に戻るか様子を見るべきだと反対した。どっちみち藻が生えている面積は、たったの3パーセントに過ぎないではないかと。多くの議論がされたが、行動は起こされず、そしてわずか5日後に破局が訪れた。翌日、藻は湖の16分の1（6パーセント）を覆い、次の日は8分の1、その次の日は4分の1に拡がった。死んだ魚が至る所で浮き、もはや村は、水を畑や飲用に使えなかった。村人は、湖から藻を取り除こうとしたが、すでに遅すぎた。翌日、藻は湖の半分を覆うに至り、5日目に湖はその下に消失した。

この指数関数的（幾何級数的）な増加率は、ほとんどの人にとり想像できないかもしれないが、たとえば食物連鎖で捕食者がいないような状態、自然の制約がない状態では、大自然において決して珍しくはない。人間は、線型的な増加、すなわち物事がゆっくりと一定量ずつ増加することに慣れており、惨禍がそれほど急激に生じうる事態を把握しにくい。

世間がようやく地球温暖化を認め始めた21世紀のいま、その影響は危険水準に達しつつある。２０１５年１月、著名な科学誌『サイエンス』は、人間活動がどれほど急速に生態系を破壊しているかにつき、２つの記事を発表した。最初の記事では国際的な科学者チームが、「２つの中核境界線――気候変動および生物圏の一体性（生物多様性の喪失）――を確認した[99]。もしそれぞれの境界線を大幅かつ恒常的に超えると、地球システムは新しい状態に追い込まれる可能性がある」と報告した。現在の地球温暖化２℃の上限では、地球は気候変動境界線を超えてしまうと記事は結論付ける。第二の記事で、人間活動は大洋と海の生命に未曾有の損害を与えていると、専門家は報告する。科学者が海洋生物の減少を研究した結果、人間活動は、すでに主な海洋生態系のすべてに損害を与え、変質させてしまったことが判明した。CO_2レベルの上昇は、海洋をますます酸性化し、海洋無脊椎動物の殻を溶かし破壊している。

淡水の供給が危うい

１８５０年以来５２００ヵ所の計測に基づく研究によれば、ヒマラヤ、アンデス、アルプス、ロッキー山脈の氷河は、加速度的に「後退」しており（溶けており）、そこから流れ出る雪解け水が急増している[100]。（ＮＡＳＡの衛星写真で氷河の消失を見ることができる[101]。巻末訳注のＵＲＬで赤点をクリック[訳注9]。）この融雪水はすべて海水面の上昇をもたらす。

地球上の淡水の69パーセントは、氷河と氷帽——数千年間もの凍結水——に保たれている。地下水、すなわち帯水層（水で飽和している地下の岩石層）に保たれる水が、地球の淡水の30パーセントを占め、残り1パーセントは河川、湖沼、大気中に存在する。淡水の供給も旱魃と過剰な利用によって損なわれている。世界中の水消費の70パーセントを占める農業用水に加え、エネルギー関連が大部分を占める工業用水および人々の生活用水——これら大規模かつ増加する水の需要に、淡水の供給が追いつかない[102]。水の管理は、私たちの未来にとり極めて重要である。大量の水が消費されるよりも多く取水され、膨大な量の貴重な淡水が浪費されている。世界の地下水を10年間研究した結果[103]、インドから中国さらに米国、フランスに至る37の大帯水層のうち27の帯水層で、水位が持続可能転換点を下回ってしまったことが判明した。補充できる量を超えて取水した結果である。6千万人以上に水を供給するアラビア帯水層——世界で最も危惧されている帯水層——は急速に枯渇しており、回復の兆しは見えない。潜在的な水害と旱魃の被害額は莫大である。たとえば、米国では今世紀末までに、旱魃と水不足による経済的な損害は、１８００億ドルに上る可能性がある[104]。

地球温暖化と天然資源の枯渇がもたらす結果に関する科学的研究は継続的に行われている。新しい成果はオンラインで調べることができる。貴重な情報源の一つは英国の新聞『ガーディアン』で、専門スタッフが気候変動を追っている[訳注10]。

第六の絶滅

地球温暖化が、どのように私たちの惑星の生態系を変化させているかを理解するために、最近地球上で生物種の数が急激に減っていることから、すでに進行中とも考えられる「第六の絶滅」[105]をやや詳しく見てみよう。地球の歴史において大量絶滅は稀な出来事である。恐竜が姿を消した第五の絶滅は約６５００万年前に生じ、最初の大量絶滅は4億4千万年前の昔に遡る。

現代の生物多様性の崩壊はどの程度深刻なのだろうか。ある研究は、過去1世紀にわたり脊椎動物（哺乳類、鳥類、爬虫類、両生類、魚類）の進行中の絶滅比率を調査した結果、驚くほど高いことを見出した[106]。過去１００年の間に、それに先立つ８００年から1万年の間に絶滅した種以上の多くの種が姿を消した。別の研究は、地球の温度が上昇するにつれ、種の絶滅は加速し、現在の条件のもと6種に1種の存続が危ういと推計する[107]。

絶滅に瀕する種ごとに、少なくとも一つの「危うくする」種が存在する。たとえば人間は、生息地を破壊し地球温暖化をひき起こすことにより、その活動が種を抹殺している。人間が大自然を支配するに伴い、私たちは侵略的になり種を危うくし、蛙や鯨や固有の植物を消滅させる。

気候科学は複雑であるが、基本的問題は単純明快である——すなわち、人間活動が炭素を大気中にまき散らし、それによって惑星のエネルギー・バランスを崩し、地球の温度を高めている[108]。18世紀中ごろ工業化の時代が始まり、人の生活は一転した。工業国の生活水準は上がり、多くの人々がより快適で豊かな生活を楽しめるようになった。しかし不幸にも、化石燃料に依存する経済は、空気中のCO_2も１７５０年の２８０ｐｐｍ（百万分率）から２０１６年４００ｐｐｍに高めてしまった[109]。

仮に第六の絶滅期に至ってないとしても、地球は「人新世」と呼ばれる新たな時代[110]に突入した。そこでは人間活動が環境を形づくり、そして多くの場合また破壊する。

地中に残そう

気候科学は、地球温暖化の多くの証左を示しており、地球はこのまま熱し続けられないと警告する。唯一確定できないことといえば、破滅的な結果をもたらすまでに地球はどこまで暑くなりうるのか、変化はどの程度急激に起こるのか、今後数十年に気候変動はどれほどの被害をひき起こすのかであろう。

国連の２０１５年パリ協定は、地球の気温上昇を産業革命前の水準に比べ、２℃を大きく下回るよう保ち、上昇の限度を１・５℃に抑えるよう呼びかけた。２℃の目標値[111]は１９８０年代にまで遡り、ＥＵ（欧州連合）は１９９６年に目標を採択したが、２℃目標は、多くの国にとり達成困難であると同時に、地球の生態系安定のためには高すぎる値かもしれない。50パーセントの確率で２℃の上限以内に収まるには、大気中のCO_2は４５０ｐｐｍを下回る必要がある。[112]ということは、２０１１年から２０５０年までの累積炭素排出量は１１００ギガトンに制限されねばならない。２０１２年までに地球はすでに０・８℃温まっており、現在大気中にあるCO_2が、今世紀末までにさらに地球を０・８℃温めるだろう。これから化石燃料を一切使わなくても、地球は１・６℃温暖化する。世界の化石燃料の現在埋蔵量（石油、天然ガス、石炭）が含んでいる温室効果ガス排出量は、安全目標の3倍である。さらに、将来掘削が可能となりうる化石燃料資源は、安全目標の10倍以上と推計される。２℃目標を達成するには、現在の石炭埋蔵量の80パーセント以上、天然ガス埋蔵量の半分、石油埋蔵量の３分の１を地中に残しておかねばならない。

その間、この目標値は高すぎる（緩すぎる）という証拠が集まっている。現在多くの人が上昇限度を１・５℃、すなわちCO_2を３５０ｐｐｍ以下とすべきと論じている。しかし上限３５０ｐｐｍはすでに達成不可能である。２０１５年地球の大気が含むCO_2は４００ｐｐｍに達し、そして私たちは温室効果ガスを大気に放出し続けている。

あなたも大気中のCO_2増加を追跡できるし、行動をおこすことができる。

すでに地球温暖化がもたらす被害を眼前にして、人々の注意は、温暖化が進み、海洋がさらに酸性化するのに伴い、地球がどのように変遷するだろうかに向けられている。[113] 惑星のほとんどの場所で、人類は生存が難しくなるかもしれない。人間以外の生命は、さまざまな形態で存続するだろうが、おそらく私たちが慣れ親しむ姿ではないだろう。新しい生態系は単純となり、動植物の種は減るだろう。最初に支配的となる種は、新しい地域と高い気温に迅速に適応し、増殖できるものとなろう。

少し前まで、再生可能エネルギーへの転換、新たな技術開発、そして都市に耐久性をもたせるために、まだ十分な時間があると思っていた。だがいまや、石炭（最も汚いエネルギー源）の使用をすぐに止め、電力、運輸や工業にクリーンなエネルギー源を使わなければならないときが来てしまった。化石燃料産業は、天燃ガス、石油、石炭の可採埋蔵量の大部分をそのまま残し、化石燃料への新規投資を止めるべきである。熱帯雨林の破壊を中止し、農業における殺虫剤、化学肥料の過剰投与、水の浪費を止めねばならない――と私たちはわかっている。

私たちはなぜ、この惑星と私たち自身を救うことに踏み切れないのだろうか。

経済学

自由市場経済学者は、もし国家や国民が地球温暖化を止めるのに必要な手段を講じないとすれば、それは削減コストがその価値以上だからだと論じる。[114]さらに一部の経済学者は、費用便益分析を使って、短期的な所得の伸びと投資効率の極大化に焦点を当てることにより、地球温暖化の被害とその緩和がもたらす便益を過小評価している。たとえば彼らは、気候変動の緩和と適応を目的とする10年間の投資利回りと、新技術、教育、健康への代替投資の利回りを比較する。エイズ救済、マラリア撲滅、教育支援基金のような貧困国の人々の援助のための投資は、地球温暖化緩和への投資よりも利回りが高いことから、貧困国向けのプロジェクトを優先すべきと主張する。また、失業を減らし賃金を上げるため、まず経済成長に焦点を当て、その後に気候変動に取り組むべきと議論する学者もいる。これらの議論は、開発途上の世界に住む人々に間近に迫る温暖化の、喫緊そして将来の脅威を無視しており、近視眼的である。

環境経済学の流れをくむ仏教経済学は、人間は大自然の一部であり、相互に依存するとの前提に立つ。もし私たちの世代が、耐え難い気温、極端な嵐と山火事、海水面の上昇、食料と水不足に悩む、崩壊した生態系の世界を子どもたちに残したくなければ、私たちの幸福と健全な生態系を互いに結びつける経済分析法を採用しなければならない。

自由市場アプローチと仏教経済アプローチは、地球温暖化の軽減手法に関する見解が異なる。自由市場経済学の見解では、汚染コストを反映する炭素税の導入によって、市場を効率的に機能させることができる。そうすれば市場価格が、地球温暖化を緩和する正しい投資を実現するはずである。炭素税が、企業や消費者のエネルギーに関連する意思決定を誘導する一助になるであろうことに、仏教経済学も異存はない。しかし仏教経済学は、人間による生態系の利用に関するあらゆる側面を、市場だけではコントロールできないし、そうあるべきではないと考える。[115]

持続可能性

気候科学者と市場経済学者は、「持続可能性とは何か」について非常に異なる答えを持っている。突き詰めればこの疑問は、今日の生活の質（ＱＯＬ）が将来世代によって引き継がれるか、あるいはさらに改善されるかを問うものである。

市場経済学者は、**弱い持続可能性**の概念――人間は生産工程において自由に異なるインプット（投入量）をトレードオフしうる――を採用する。人工資本（技術、機械、ノウハウ）と自然資本（森林、鉱物、魚類）は、さまざまな生産の組み合わせにおいて、相互に入れ替えて利用することができる。たとえば、アウトプット（産出量）を減らすことなく、エネルギー（あるいは他の自然資本）を減らし、代わりに多くの技術を投入する、あるいは逆にエネルギーを増やす代わりに技術のインプットを減らすことができる。弱い持続可能性のもとでは、自然資本は生産の制約とはならず、人間は環境と天然資源の利用を支配できると考える。生き物の生存に重要な生態系の破壊を考慮することなく、市場モデルが地球温暖化とその経済的影響を推計するために使われる。現在世代が再生不能な資源を使い尽くしても、大気を汚染しても、代償として十分な生産能力（機械設備、建物、技術）と所得を次世代へ引き継ぐ限り、将来世代の見地から、それはかまわないということになる。

仏教経済学は、気候科学者の考えに与し、**強い持続可能性**の立場をとる――すなわち、自然資本の物理的限界は存在し、決定的に重要な生態系は保存されねばならない。この限界は、経済活動に厳しい制約を課す。人工資本と自然資本は**同じではない**。気候変動の経済分析は、この惑星の生死がかかる生態系を保存するために、自然資本の物理的限界を認めて、生産工程におけるトレードオフを制限しなければならない。

強い持続可能性は、人間を地球の生態系の一部とみなし、人間は自己の利益のために環境を支配すべきでないと考える。きれいな空気や水といった自然資本のトレードオフは、もはや自然の制約を無視しえないことから、弱い持続可能性の立場に立つ費用便益分析は、今後利用することができない。自然資本の物理的限界に達すれば、経済はそれを無視できない。経済モデルは、自然の制約という壁にぶち当たる。私たちは有限の地球に住んでいるのである。

グローバル経済が、地球上の生命を支える生態系の危機的境界線をはるかに下回って機能していた過去の時代において、持続可能性を弱いと見るか強いと見るかは特に問題にならなかった。生産工程でのトレードオフは、自然資本の制約を受けることなく可能だった。科学者は、ついに私たちの説得に成功した――正確な閾値はまだわからないにせよ、大自然の生態系には限界があるということを。[116]

将来世代

将来世代に対する不作為のコストが巨大になったにもかかわらず、経済学者による気候科学の吸収とシミュレーションへの応用は遅々としている。[117] ある程度これは、弱い持続可能性に基づく大規模シミュレーションモデルを作るうえでの、経済学者の専門性へのこだわりを反映している。地球温暖化を緩和するための正確なコストと利益の算出、さらにいつの時点から炭素排出量を減らし始めるべきかにつき、経済学者は延々と議論を続けている。

彼らの議論の不一致は2つの問題に集中している。すなわち、現在と将来の世代はどのように環境を評価するのかという点と、気候変動がひき起こしうる破局的結果のリスクをどう計算に織り込むかである。

炭素は大気中に数十年、あるいは数世紀もの長い間大気にとどまることから、大気中の炭素による被害は、毎年の炭素排出量より急激に加速する。今日のエネルギー市場価格に基づく経済シミュレーションは、温室効果ガス排出削減の将来的なコストと便益を算出するうえで、ほとんど意味がない。なぜなら、将来世代の声は盛り込まれない一方、化石燃料エネルギー産業は、規制と価格に影響を及ぼすために、資金と力を使っているからである。市場モデルは、その費用便益分析に今日の偏った所得と力の分配を織り込むことから、不平等が国の内外と世代を超えて再生産されることになる。

費用便益分析における重要なインプットは、将来世代にとっての生態系の価値であり、これは現在のドルと将来のドルを比較するために使われる割引率（すなわち利子率）で代表される。将来世代はより豊かで快適に暮らすだろうと想定する自由市場原理主義者は、手つかずの生態系を受け渡すことに価値を見出さないため、高い割引率を使用する。将来世代の幸せは私たちと同様に重要と考える仏教経済学者は、低い割引率を使用する。

多くの経済学者が、仏教経済学のアプローチに賛同している。たとえば、将来世代に対する気候変動の極端な影響をいかに回避するかについて分析し、英国政府に具申した２００６年スターン報告は、１・４パーセントの低い割引率を適用した。報告書は、気候変動による被害は甚大であり、温室効果ガス排出の即時削減が必要と結論付けた。自由市場サイドに立つ経済学者もいる。米国の環境経済学者の重鎮ウイリアム・ノードハウス[訳注11]は、３～４パーセントの割引率を使った費用便益分析に基づく気候変動政策を開発した[118]。１９９０年彼は、彼の計算ではコストが効用を上回ることになるので、化石燃料の使用を減らす政策の実施は待つべきだと主張した。

使用する割引率が高いか低いかなど[119]、重箱の角をつつく議論ではないかと、読者は思われるかもしれないが、数十年にわたる気候変動のコストと便益を推計するとき、結果は大きく変わってしまう。低い割引率を適用すれば、将来の便益の現在価値はずっと大きくなるのである。

経済予測モデルの限界は知られている。マサチューセッツ工科大学のロバート・ピンダイク教授は、モデルは地球温暖化による緩やかな被害を予測するだけで、起こりうる破局的な局面を無視していると批判する。どれだけの温室効果ガスを大気中に放出するかにもよるが、気候変動モデルは、

2050年まで0・4℃から2・2℃の範囲で、**平均的な**地球上の気温上昇の分布を予測する。[120] しかし残念なことに、分布は「長くて厚い裾」を持つことから、平均よりも高い気温を経験することになる蓋然性が大きい。このことは、知りうる限り世界の産出量（GDP）の急減から生命の死に至るまで、とても受け入れがたい惨禍が生じる可能性を意味する。許容しがたい結果を回避するには、概ねどのくらいのコストが必要かを推計するために、ピンダイクは、一定範囲の破局的なGDPの変化に的を絞った、単純な分析法の使用を推薦している。[121]

炭素税

自由市場経済学者と仏教経済学者がともに同意する政策は炭素税である。ただし、仏教経済学は炭素税だけで問題が解決するとは考えていない。化石燃料の値段は、炭素の社会的コスト——温室効果ガス1トンがひき起こす汚染の、現在および将来世代に対するコスト——を含まなければならない。炭素税は他の形式をとることも可能で、たとえば「排出量取引」では、排出許容量の上限が設定され、企業は排出権を売買する。炭素税をグローバル経済で効果的にするには、各国の遵守を確実にするため、関税の利用もありうるだろう。

炭素税によって、汚染や環境の悪化がもはや「自由財」ではないことが明確になる。化石燃料を使用する人々や企業は、それによる汚染と環境被害の対価を支払わねばならない。経済学者が言うように、炭素税は「ただ乗り」の問題をなくす。化石燃料の市場価格を引き上げることで、化石燃料から再生可能エネルギー源への移行が経済的に促される。化石燃料の価格が高くなれば、炭素排出量が皆無あるいは少ない企業の競争力は強まり、クリーンエネルギーへの投資が促進され、消費者が化石燃料の使用を減らすインセンティブとなる。

地球温暖化の被害を経験し、大事な生態系の損壊がもたらす災害をさらに自覚するつれ、炭素の社会的コスト計算はもっと正確なものになるだろう。今日そして将来も、化石燃料の価格と使用規制に関し、化石燃料会社を介入させてはならない。

気候変動の将来的なコスト

気候変動は、自由市場は無限の物質的進歩を提供すると主張する人たちの世界観を揺るがしている。したがって、自由市場主義者は反撃し、地球温暖化は生じていない、あるいは温暖化は人間によるものではないと主張する。彼らの標語は、世界のあるがままに「全速前進せよ」である。

シティグループとオックスフォード大学の研究は、「何が何でも現状維持」方針は高くつく結果を示している。研究は、温室効果ガス削減策をとらない場合のグローバルな負担額（ネットのコスト）と、地球規模の低炭素化への投資実施コストを比較する。結論は、行動する余裕はあるものの、行動しない（無作為の結果を受容する）余裕はないというものである。[122]『エコノミスト』誌の研究も同様の結論に達した。[123] 今世紀末までに、気候変動の破滅的な影響の結果、民間投資家は4兆ドル以上もの資産を失うリスクがある。すなわち、化石燃料の使用終了による化石燃料会社の証券ポートフォリオの減価か、温室効果ガス排出が続く場合はすべての企業の資産価値が減価する、このいずれかだろう。

道徳

教皇フランシスコは、2015年5月に発せられた回勅「**ラウダート・シ**」[124]（「讃えられますように」）の中で、気候変動の道徳的次元を説いた。**ラウダート・シ**は、私たちと大自然の関係に関する感銘深い言葉で始まる。

> これまで私たちは自分たちを、意のままに略奪する権利を持つ、大自然の主であり支配者であると考えてきた。私たちの――罪に傷ついた――心に住む暴力は、土、水、空気、そしてすべての生命体に顕現する病の徴候にも反映している。

教皇は、気候変動の基礎的科学を要約した後、地球温暖化をひき起こす活動がなぜ不道徳であるか、説得力のある議論を展開する。私たちの経済が、いかに使い捨て文化、化石燃料への高依存、森林伐採――すべて地球を脅かす――のうえに成り立っているかを述べる。彼は、清潔な水、農業、クリーンエネルギー、そして生物多様性といった欠かせない資源に与える被害、その被害の大部分は貧困層が担っていることを述べる。気候変動は地球を傷つけ、人々と種を殺すがゆえに、気候変動をひき起こす活動は不道徳であり罪である、と教皇は私たちに告げる。私たちは、生活スタイルを直ちに変える道徳的義務がある。私たちは皆、地球温暖化の原因となり、環境を略奪し、自然資本を過度に使う活動を止めなければならない。

すべての世代はお互いに、かつ地球と結ばれており、この事実こそが、他の人たちと私たちの共通の家をいたわらねばならないという義務の礎である、と教皇フランシスコは論じる。地球の自然資本は成長に限界を課し、意義のある生活は物質的幸福よりも人びとを豊かに包み込む――この見解は、仏教経済学のアプローチと同じである。

しかし教皇は、人口増加は問題ではないと主張する。この点は、過剰人口と物質主義的な生活スタイルは、生態系に過大な負担を与えると考える仏教経済学と意見を異にする。もしすべての人々に、保健医療、教育、その他基本的な消費財を提供しようとすれば、[訳注12]「地球はどれだけの人口を養えるか?」を問わねばならない。人間のエコロジカル・フットプリントが答えを出すが、その答えは衝撃的である。**私たちのエコロジカル・フットプリントはすでに地球の資源を超えている。**すなわち、貧しい生活をする数十億の人々に、食糧、水、住居、保健医療、教育、そして地域社会での生活を提供できていない現在ですら、すでに人間の活動は持続可能ではない。

ある国のエコロジカル・フットプリントは、その生活スタイルを維持するために必要な土地面積と定義付けられる[125]。世界人口が70億人に近づいた２０１０年に、人々はこの惑星が再生できる量より50パーセント多くの資源を使用した。換言すれば、地球１・５個分という持続不能なエコロジカル・フットプリントである。開発途上国の人たちが米国人の生活スタイル（消費の中央値）になったと想像してみよう。とたんにエコロジカル・フットプリントは、途方もなく地球４個分に膨れ上がる。それも２０５０年までの推計20億人の人口増加を考慮に入れないでである。

仏教経済学では、世界人口を安定させ、資源をもっと公正に消費することが重要で、そのときはじめて、あらゆる人々に適正な食糧、住居と共同生活を提供することができる。さもないと、過剰人口が地球に与える害に加えて、多産による母親の健康への問題や、子どもたちが十分な食べ物を得られない、あるいは乳児が1歳の誕生日を迎えられないなど家族の苦しみも生じる。

ダライ・ラマは、30年以上にわたり説教する中で、環境に関する懸念を表明してきた[126]。猊下は、チベット高原と第三の極と呼ばれるヒマラヤの氷河の脆弱な生態系を論じている。チベット高原の70パーセントは、大量の二酸化炭素とメタンを含む永久凍土で、高原が溶ければ放出されてしまう。第三の極は、世界の淡水の40パーセントを含み、南アジアを流れる7つの大河の源であるが、そこの気温は、世界平均の3倍の速度で上昇している。微笑みながらダライ・ラマは、神や仏に頼って祈るのは論理的ではないと注意する[127]――なぜなら、人間が問題を作り出した以上、災害を避けるためには、人間が問題を解決しなければならないからだ。

同様にベトナムの仏教僧ティック・ナット・ハンは、著書『地球への恋文』の中で、私たちの母なる地球との相互依存と、地球への感謝と思いやりに焦点を当てる。地球が私たちを生み、私たちは死ねばそこに帰る。地球は、私たちが健康で楽しみに満ちた生活を送るため、必要なすべてのものを提供する。ティック・ナット・ハンは、大自然が産み出した贈り物――茶やパン――をいただく食事時には、感謝の念を表すよう勧める。

世界中から集まった仏教指導者は、２０１５年10月世界の指導者に向けた気候変動宣言に署名した[128]。世界の指導者に対して、地球の気温上昇を１・５℃以下に抑えることを迫り、また世界各国に低炭素経済への移行を、富裕国には貧しく脆弱な国々への資金提供を呼びかけた。さらに宣言は個人も、「森林を守り、野菜中心の食事に移行し、消費の削減、中古品の再活用と再生可能エネルギーへの切り替えを進め、飛行機の利用を減らし、公共の交通手段の利用」など、行動を起こせると指摘した。

他の著名な宗教指導者も、人為的な気候変動を裏づける科学を認め、その原因を軽減するために、人々や国に協力するよう働きかけている[129]。イスラム学者が集まって起草した「世界の気候変動に関するイスラム宣言」[130]は、世界中の16億人のイスラム教徒に対し、温室効果ガスを徐々に減らし、再生可能エネルギー源にできるだけ速やかに切り替えるよう訴える。彼らは、有限の惑星において無限の経済成長は不可能であると強調し、資源を枯らさず、環境を悪化させず、不平等を激化させない「幸せの新たなモデル」を呼びかけた。

教皇フランシスコとダライ・ラマはともに、戦争は人々と大自然に対する暴力ゆえに、道義的に受け容れられないと強く主張する。軍事関連のCO_2排出は、各国の排出量統計に含まれていない。イラク戦争における米国の軍事作戦は、２００３年から２０１０年の間に1億6千万トンから5億トンのCO_2を排出したと推計され[131]、かつこの数値は爆発による直接の排出量を含まない。気候変動によって健康、天気そして安全が損なわれるにつれ、人々の意識は高まり、各国は行動に前向きになるかもしれない。さもなければ、人々と国々は、エネルギー、水や食料をめぐって戦い、富裕国か貧困国かを問わず、安全保障上の大きな脅威となるに違いない。この新たな形態の不平等は、従来の所得の不平等だけの時代に比べ、人々がどのように生活し生き残るかにつき、はるかに深刻な問題を投げかけるだろう。２０１４年ジョン・ケリー国務長官はジャカルタの学生たちに、「いまや気候変動は、世界で最も恐ろしい大量破壊兵器であると考えられる」[132]と語りかけた。

あなたの食べ物と温室効果ガス

多くの人が菜食主義である理由は、食べるために動物を殺したくないということだ。しかし、地球温暖化が多くの種を殺している事実を知った現在、菜食主義者である理由は、食料のための動物の屠殺より広い意味を持つ。

あなたが何を食べるかは、温室効果ガスの排出量を大きく左右する。[133]たとえば毎日１００グラムの肉（肉好きの人の平均摂取量）を食べれば、あなたの食事によって７・２kgの二酸化炭素が排出される。もしあなたが菜食主義ならば、毎日の炭素排出量はその半分である。

肉好きの人でも、どんな種類の肉を食べるかで大きな差が生じる。[134]牛肉と羊肉は、鶏肉、豚肉、魚や卵に比べ、土地、水および炭素排出量に対する悪影響の度合いが格段に大きい（第1図）。もし牛肉と羊肉を食べなくなれば、食事による地球への環境被害は大きく軽減される。なぜなら、放牧の飼育効率は低く、牛や羊の放牧のために現在も森林が伐採されているからである。牛肉と子羊を食事メニューから削り、１日の肉の消費量を１２０グラム以下に抑えなさい。多分、あなたのカーボン・フットプリント（CO_2排出量）と同じように、ウエストラインも細くなること請け合います。

肉の摂取を減らして炭素排出量を減らせば、水の消費も減ることになるだろう。カーボン・フットプリントとウオーター・フットプリント（水資源消費量）は、同じ方向に動く。特定の穀物栽培、

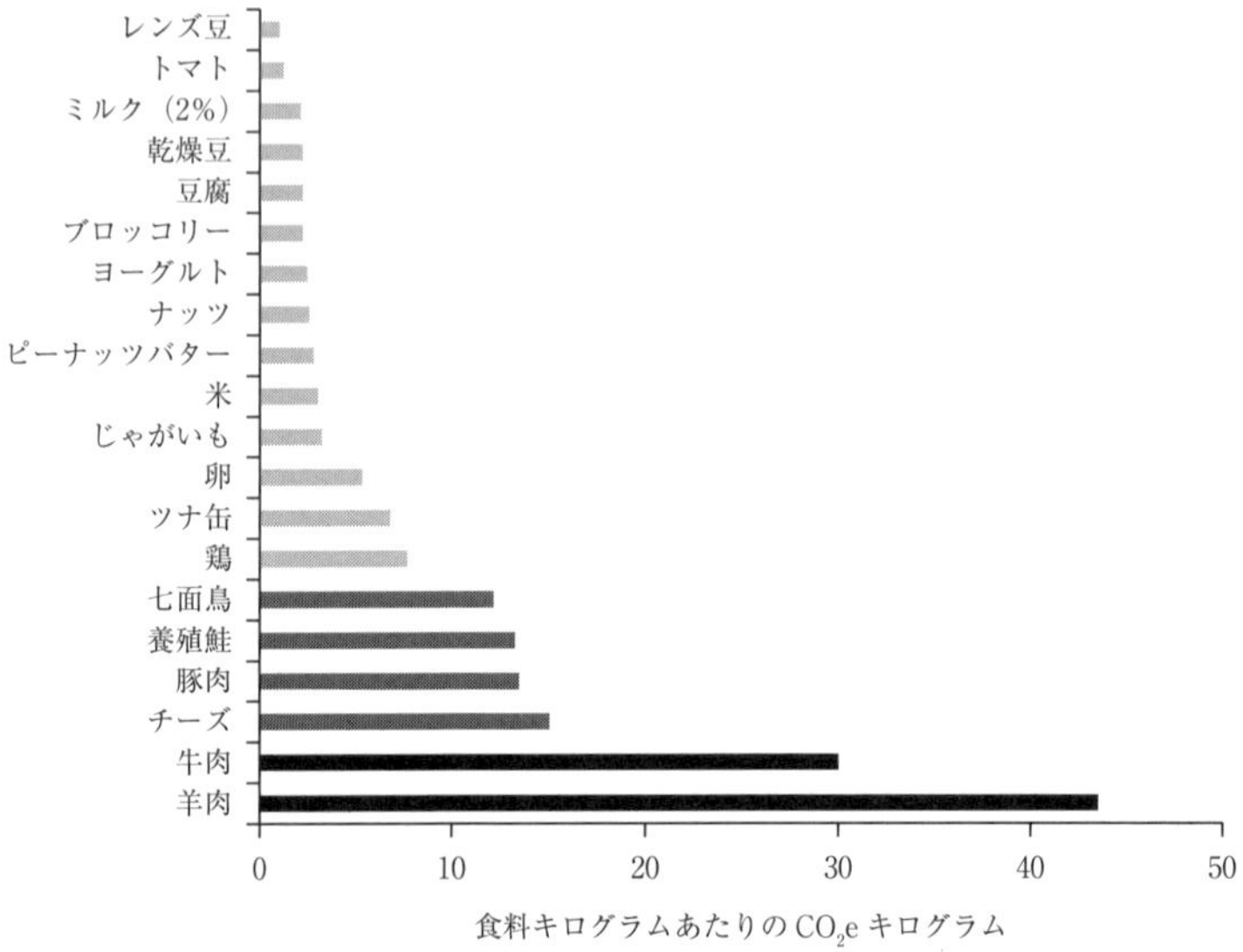

第1図　食料からの温室効果ガス排出量。食料（農場から食卓まで）キログラムあたりのCO_2e（二酸化炭素換算量）。

出　所：https://www.ewg.org/meateatersguide/a-meat-eaters-guide-to-climate-change-health-what-you-eat-matters/climate-and-environmental-impacts/. Copyright ©Environmental Working Group, www.ewg.org. 許可を得て再掲。

家畜の飼育、あるいは製品の製造にどれだけの水を消費するか知るためには、巻末訳注のURL[訳注13]が参考になる。

あなたのエコロジカル・フットプリント

生態系に準じて生活すれば、資源の節約や環境への配慮は、それ自体が大切な価値を持ち、生活スタイルそのものになる。休憩時にはパソコンを休止状態に切り替え、散歩の途中でごみを拾い、地元の朝市で野菜を買い、堆肥を作り、リサイクルに心がけてゴミ箱に捨てるものはほとんどない。車の運転に代えて公共の交通手段や自転車を利用し、肌寒いときには、暖房の温度を上げる代わりに、上着や毛布をひっぱり出す。
あなたの日常生活をグリーンにするために、他にも方法はいくらもあるだろう。これらの活動はまた、思考をめぐらし自然を鑑賞する時間でもある。たとえば庭の植木に、シャワーの溜めおきの水を注ぐ、あるいは洗い物の水を使うときは、自分の周りの美しさを楽しみ、私たちを支えてくれる母なる大地と結びつく時間にもなる。

自由市場経済モデルにおいて個人の時間は、エネルギーを節約し、ゴミを減らすために浪費するには、高価すぎると通常みなされる。「結局のところ」と知人は言う、「自分は仕事で時間あたり50ドル稼ぐので、リサイクルが時間50ドルの価値があればやるかもしれないが、そんな価値はない。」

仏教経済学では、私たちは感謝の気持ちで、エネルギーを節約しゴミを減らす。ティック・ナット・ハンは書く。「環境への配慮は、義務ではなく、個人そして集団の幸福と生存の問題である。私たちは、母なる地球とともに生き延びて繁栄するか、あるいは滅亡するかである。」[135]

少し時間を使って、あなた自身のカーボンあるいはエコロジカル・フットプリントをネットで計算してごらんなさい。どのようにフットプリント（エネルギー消費量）を減らし、大自然ともっと調和して生活できるか、学ぶところが多いだろう。エコロジカル・フットプリントは巻末訳注のURL[訳注14]で、またカーボン・フットプリントは巻末訳注のURL[訳注15]を使って計算できる。

国際行動：政治

地球温暖化は、その影響が広範囲で国境をまたぐことから、取り組みには困難が伴う。それに対し、温室効果ガスの排出削減にかかるコストは、各国あるいは地域が負担する。

ある国が、歴史的にどれほど地球温暖化の原因を作ったにせよ、そしてある国が、気候変動の悪影響を今後どれほどこうむることになるにせよ、私たちは4つの分野で共同して行動しなければならない。すなわち、⑴地球温暖化を2℃以下に抑えるために温室効果ガスの排出を削減すること、⑵極端な天候や海面上昇に備えて人間社会をより強靱にすること、⑶贅沢な消費を減らし、すべての人たちに基本的な消費を確保すること、そして⑷人口増加を制限することである。この4つの目標はトレードオフの関係ではなく、それぞれの目標が、持続可能なグローバル経済を作るうえで果たすべき役割を有する。温暖化ガス削減か適応か、消費か人口抑制かではなく、4つの分野すべてが重要である。

温室効果ガス排出の歴史といま

地球の自然系は、大気中の炭素を吸収するのに、数十年あるいは数世紀を必要とすることから、1850年から2007年の間に累積したCO_2のほとんどは、米国と他の工業国の責任である。[136] 米国は、歴史的な二酸化炭素排出量の29パーセント、ないし中国（9％）、ロシア（8％）、ドイツ（7％）、英国（6％）の4ヵ国合計相当分に責任を有する。中国経済は1970年代に成長し始め、2000年に離陸後、CO_2と微小粒子状物質の排出が急増した。

温室効果ガスの排出状況を国ごとに見てみよう。これは、大部分が化石燃料、森林伐採とセメント工場に由来する。2012年中国が、世界の温室効果ガス排出の22・4％を占めてトップの座にあり、米国（12・２％）、ＥＵ（欧州連合）15ヵ国（７・０％）、インド（６・１％）、ロシア（４・７％）が続いた。これらトップ５位までの温室効果ガス排出国・地域で、世界全体の排出量の半分強を占める。[137]

一人あたりのCO_2排出量[138]を見ると、先進国経済で米国に匹敵するのはオーストラリアだけである。両国は２０１０年、一人あたり17トンのCO_2を排出した。その他の経済大国では、一人あたりCO_2排出量はずっと少なく、ロシア（米豪と比較して）30パーセント減、ドイツ45パーセント減、英国55パーセント減、中国70パーセント減となっている。

排出量は、生産段階ではなく消費段階で測定すべきとの議論が一部にある。多くの新興国は、富裕国で消費される輸出向けの製品を生産する際に、CO_2を発生させるというのが理由である。このアプローチは、富裕国（ベルギー、米国、アイルランド、フィンランドやオーストラリアなど）のカーボン・フットプリントを大幅に増やす一方、中国、ブラジル、インドなど途上国経済の数値を減らす。しかし現実的な観点からは、政府が削減を強制できる、二酸化炭素発生の当該国で、排出量を測定しなければならない。

現在の地球温暖化の責任は、過去に化石燃料を燃やした工業国世界に、大部分あるのは確かであるが、温暖化が破滅的な水準に達するのを防ぐには、今の時点で温室効果ガスを止めることに焦点を合わさなければならない。しかし米国は、脱炭素経済実現への旗振りをする代わりに、大量の二酸化炭素を出し続けている。多くの米国人は、すでに実用化され、普及可能な技術に出費することに乗り気でないようだ。たとえば、２０１４年ガソリン価格が大きく下落したとき、政府による燃費効率の規制強化により燃費の良い車種が多くあったにもかかわらず、米国人はガソリンを食う多目的スポーツ車（ＳＵＶ）とピックアップトラック購入に押し寄せた。２０１４年に販売された車の過半がトラックとＳＵＶで、ハイブリッド車と電気自動車はわずか５・６パーセントに過ぎなかった。[139] 地球温暖化を懸念する米国人でも、カーボン・フットプリントを減らすために、必要な行動をとろうとしていない。

気候変動の衝撃

南アジアとサハラ以南のアフリカ諸国は、気候変動を原因とする極端な天候、農業生産性の減退と海面上昇による、厳しいリスクに直面している。これらの国々は、気候変動の衝撃的な被害に対応する能力に欠けるため、特に脆弱である（巻末訳注のＵＲＬ参照）[訳注16]。

カリフォルニア大学バークレー校の同僚とスタンフォード大学は、気温が生産性に与える影響に関する世界規模の研究成果を、２０１５年著名な科学誌『ネイチャー』に発表した。[140] 年平均気温が13℃のとき、経済生産性はピークに達し、気温が上昇するにつれ生産性は急激に低下する。このパターンは、世界中で富裕国と貧困国の区別なく、農業と非農業双方の活動において観察される。結論として地球温暖化は、すでに温暖な熱帯の国々の生産性を損なう一方、寒冷帯の国々については、気温が温まるに伴い生産性をやや改善する。もし世界が地球温暖化を軽減しなければ、世界の生産高は平均23パーセント減少し、また富裕国はほとんど寒冷帯にあることから、世界的な所得格差はさらに拡がることになるだろう。

地球の温暖化は、私たちが生態系を完全に回復できる能力を超えてしまった。私たちは、溶けた氷河や氷冠を回復できないし、絶滅した種を生き返らせることも、温暖化した大気や海洋をもとに戻すこともできないことから、過去１万年の気候の安定はもはや取り戻せない。世界は、温室効果ガスの削減と気候変動による被害に対する適応の、両方に取り組まなければならない段階に来てしまった。富裕国においては、経済成長は地球温暖化軽減への投資を土台とし、発生する被害に適応できるインフラを築かなければならない。途上国の開発は、クリーンエネルギーで推進しなければならない。仏教経済学の教えにしたがって意義ある生活を維持するには、経済システムを脱炭素化し、消費を超えた持続可能な社会生態的な方式で再生しなければならない。新たな焦点は、大自然を保護し、被害に耐え、必要に応じ再建できる、強靱な経済システムを開発することである。[141] システムは柔軟で適応力が高く、生態学的過程に対する深い理解に裏付けられたものでなくてはならない。

ＣＯＰ21とその後

２０１５年国連気候変動枠組条約第21回締約国会議（ＣＯＰ21）は、「地球平均気温を産業革命前の水準より、２℃を大きく下回る上昇に抑える」（第２条）パリ協定[142]に合意した。パリ協定は、国連の持続可能な開発目標に沿う仏教経済学のアプローチと、工業国が要求した自由市場経済学のアプローチを並行して認めている。締約国は、２０５０年から２１００年の間に「正味排出量ゼロ」を実現するために、どのように炭素の排出を止め、あるいは削減し、森林を保護するかに関し、拘束力のない約束をした。協定は、脆弱な国々が直面する、気候変動の衝撃による損害を認める一方で、歴史的に炭素排出量の大部分に責任を負う富裕国、特に米国の債務ないし補償の規定を、明示的に排除している[143]。工業国は、脆弱な国々に対する２０２５年までの拘束力のない援助目標（現在の目標１千億ドル）を継続したが、脆弱な国々は、再生可能エネルギーへ移行し、強靱な社会を作るためには、さらに多くの金融支援を必要としている。

たとえ世界中の国が、温室効果ガス削減の強制力のない目標を達成しようと努力したとしても、地球温暖化を目標の２℃未満に抑えるうえで、目標はもはや不十分であることは知られている。すなわち、各国が現行の目標を首尾よく履行しても、地球の気温は２・７℃（あるいはそれ以上）上昇すると推測される。ＣＯＰ21の指導者は、削減目標は十分ではないと承知していたが、それでも地球温暖化軽減への重要な第一歩だと考えた。目標の２℃未満にとどまるため、ＣＯＰ21は、各国が少しずつ削減目標を引き上げることができるよう、５年毎のレビューの仕組みを創設した。２０２３年に初回レビューが予定されている。

簡便な地球温暖化オンライン計算機能[144]を使えば、各国の削減目標を積み上げて総量を知ることができる。直ちに温室効果ガスの削減を始めなければならない工業国と、少なくとも今後10年間は化石燃料に依存した経済開発を続けたいと望む、新興国が必要とする差異化も示される。

石炭、石油、天然ガスを産出する主要国や米国の州など各方面から、化石燃料から再生可能エネルギーへの移行に、いかに多額のコストがかかるか不平不満の声が聞かれる。しかし、この自由市場経済アプローチに賛同する前に、スタンフォード大学の研究者がまとめた、風力、水力、太陽熱

リーディングス　合理的選択論
家族・人種・コミュニティ

小林　盾・金井雅之・
佐藤嘉倫 編

人びとの行動や社会の動きを「各個人の合理的判断の結果」とみなす合理的選択論。現代社会でも輝きを失わない、骨太な古典的業績。

A5 判上製 264 頁　定価 3850 円
ISBN978-4-326-60353-4

8月の重版

bibliotheca hermetica 叢書
錬金術の秘密
再現実験と歴史学から解きあかされる「高貴なる技」
ローレンス·M·プリンチーペ 著
ヒロ・ヒライ 訳

錬金術はどういう歴史をたどってきたのか？　実験室では何が行なわれていたのか？　理論と実践の両面から解きあかす錬金術の本当の姿。

A5 判上製 344 頁　定価 4950 円
ISBN978-4-326-14830-1　1 版 2 刷

リーディングス ネットワーク論
家族・コミュニティ・社会関係資本
野沢慎司 編・監訳

ネットワーク研究において理論の転換をもたらした7本の必読論文を収録。社会ネットワーク分析の理論・方法を知る上での基本文献。

A5 判上製 304 頁　定価 3850 円
ISBN978-4-326-60194-3　1 版 9 刷

社会運動の戸惑い
フェミニズムの「失われた時代」と草の根保守運動
山口智美・斉藤正美・
荻上チキ

00年代、フェミニズムと保守運動はなぜ衝突したのか。保守運動の実際とフェミニズムの入り込んだ隘路を描く。

四六判上製 400 頁　定価 3080 円
ISBN978-4-326-65377-5　1 版 3 刷

ISBN978-4-326-25161-2

ISBN978-4-326-25163-6

フロイトと教育

デボラ・P・ブリッツマン 著
下司 晶・須川公央 監訳
波多野名奈・関根宏朗・
後藤悠帆 訳

フロイトはなぜ、教育の問題となるのか。フロイト思想の全体像を示して今日的意味を論じ、フロイトと教育の関係を根本から問い直す。

四六判上製 288 頁　定価 3190 円
ISBN978-4-326-29935-5

正しい核戦略とは何か

冷戦後アメリカの模索

ブラッド・ロバーツ 著
村野 将 監訳

ウクライナ戦争で明らかになった核兵器のリアル。冷戦後アメリカの核戦略はどのように進化してきたのか？　第一人者が徹底検証！

A5 判上製 388 頁　定価 4950 円
ISBN978-4-326-30314-4

覇権国の交代

戦争と変動の国際政治学

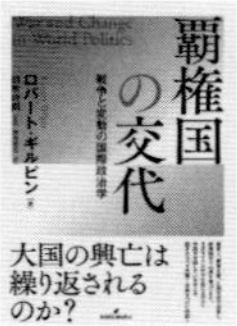

ロバート・ギルピン 著
納家政嗣 監訳

なぜ覇権国は没落し、新興国はどうやって覇権の座を手に入れるのか？　中国が台頭する今こそ読まれるべき光り輝く古典、待望の完訳！

A5 判上製 288 頁　定価 4400 円
ISBN978-4-326-30316-8

アゲインスト・デモクラシー 上巻

ジェイソン・ブレナン 著
井上 彰・小林卓人・辻 悠佑・
福島 弦・福原正人・福家佑亮 訳

政治科学と政治哲学に蓄積されてきた広範な知見に基づいて、デモクラシーに挑戦する。2010年代政治思想の重要書、待望の邦訳。

四六判上製 272 頁　定価 3520 円
ISBN978-4-326-35186-2

（英語の頭文字をとってＷＷＳ）による再生可能エネルギーへの切り替えが、技術的にも採算的にも実用化可能であるとの報告を知っておいて欲しい。研究報告は、１３９ヵ国各々につき２０３０年までに80パーセント、２０５０年までに１００パーセント、どのように再生可能ＷＷＳエネルギーに移行できるか、詳細な工程表を示している。報告は、切り替えに要するコスト関連のデータに加え、雇用、賃金、健康関連コストへの影響度も推計している。２０５０年には世界で、化石燃料の利用を継続した場合に比べ、ＷＷＳ電力に切り替えれば、燃料コストは一人あたり平均年間１７０ドルの節約となる。加えて、大気汚染よる一人あたりの平均損害額を年間約２８８０ドル軽減し、さらに地球温暖化コストを同じく１９３０ドル削減する[145]。

　パリの約束目標を実行に移すに際して各国が直面する困難は、２０２５年までに温室効果ガスの排出を、２００５年比26パーセント削減すると約束した米国の経験がはっきり示している。この削減目標は、オバマ大統領（当時）のクリーン電力計画[146]に基づいており、計画は各州に対し、発電所、特に石炭火力発電所からの炭素汚染の削減を義務付けている。クリーン電力計画は、特に石炭を採掘し火力発電に依存する州によって、法廷で異議申し立てがなされた。２０１６年２月最高裁判所は、クリーン電力計画実施猶予の判断を下し、現在結論は不確定のままである。幸いなことに、西海岸と北東部を中心とする州と自治体の行動のお蔭で、炭素排出の削減は効果を上げているが、米国のパリ協定の約束を実現するには、なお多くのことが残されている。もし世界が、米国がパリ協定の約束を放棄しているとみなせば、中国やインドなど主要な温室効果ガス排出国は、炭素排出量削減よりも経済成長を優先する言い訳を得ることになる[訳注17]。

消費主義の生活スタイルを支えるため、大自然を搾取してきた「炭素依存の経済」は、現実には大自然をほとんど支配できないことが判明した。地球温暖化を止めるために、生態系を服従させようとする代わりに、私たちは生態系の一部であることを自覚しなければならない。仏教経済学が教えるとおり、生存とは自分の環境に適応し、その一部として環境を大切にすること意味する。

脱炭素世界に移行するには、電気と熱を再生可能エネルギー源で賄わねばならず、工業生産は再生可能エネルギーだけを使用し、陸上交通はクリーンエネルギーの交通手段だけとなる。各国は森林伐採を止め、農業は持続可能な形で行われ、人々は肉食を減らさなければならない。これらを実行する技術はすでに存在している。

私たちは地球温暖化に対し、あらゆるレベルで多面的に対応しなければならない――個人から地域へ、さらに国から地球レベルへ。いまある人の生活の未来は、その対応にかかっている。

第5章　豊かな人と貧しい人の共栄

我々は、人類を貧困と欠乏の専制から解き放ち、地球を癒し安全にすることを決意している。我々は、世界を持続的かつ強靱な道筋に移行させるために緊急に必要な、大胆かつ変革的な手段をとることに決意している。[147]

――国際連合、我々の世界を変革する：持続可能な開発のための２０３０アジェンダ[訳注18]

すべての人々が相互依存関係にあることを理解し、すべての人々の生活の質（ＱＯＬ）をベースにして経済実績を測るようになれば、**繁栄の分かち合い**という仏教経済学の目標――世界中の人々が、生態系と調和した生活をしながら、快適で楽しい人生を送れるように、地球の資源を利用する――を追求する正しい道筋にあるといえる。しかし、現実は、十分な食糧、安全な水と衛生状態、住居にも事欠く数十億の人々に対し、最低限の必需品さえ満たすことができない。他方、豊かな国の生活スタイルは、地球を破滅させるだけのエコロジカル・フットプリントに達している。ではどのようにして、持続可能な形で繁栄の分かち合いを実現するのだろうか。

地球の豊かさを分かち合う枠組み

すべての人々がお互いに結びついていれば、皆の欲望もニーズ（必要性）も相互に依存する。個人各々が独立した明確な欲望を持つと想定する自由市場モデルは消滅する。社会的厚生は、もはや各人の消費の単なる総計ではない。社会の幸福は、個人消費の合計よりもずっと大きくなる。なぜなら、あなたの幸福は私の幸福に加わり、私たちの幸福は所得を超えたものに大きく依存するからだ。資源をグローバルに分かち合えば、幸福はさざ波のように拡がっていく[148]。

自由市場経済学では、経済活動は欲望を作りだしつつ、満足させようとする。仏教経済学では、限りない欲望の形成は苦しみの原因となると考え、一人ひとりに快適な生活を確保して苦しみを軽減する。経済が発展するにつれ、生活の質は、非市場活動と消費を超えた生き方の充実に、ますます依存するようになる。

富裕国のほとんどの人々は、生きるための必需品を買うことができ、生活の質は人生をより安易に、かつ面白くする多様な商品の消費と、健康状態そして社会的ネットワークに依存する。しかしたずねてみよう――豊かな人々が生活を楽しむために、どれだけの消費を必要とするのだろうか？すべての人が、富裕国の人たちの生活スタイルを享受することは**不可能**であることは、前章で見たとおりである。なぜなら、それには少なくとも地球が4個分必要だからだ。持続的に繁栄を分かち合うには、貧しい国の人々が快適に過ごせるよう、豊かな国の人々が、もっと簡素で持続可能な生活の仕方を工夫しなければならない。私たちは、窮乏の原因を断ち切り、豊かさを分かち合うことで、絶望を繁栄に置き換えなければならない。

仏教経済学は、豊かな国の人々が、外国の労働者や児童が極端な低賃金で危険な環境のもと長時間労働で生産する、安価な製品を購入することによる害悪を認識している。自由市場経済学は、環境と外国ともに富裕国が支配し搾取する資源とみなしており、仏教経済学はその対極にある。自由市場の提唱者は、たとえいまも飢えに苦しむ人たちがいても、競争市場こそ最善の結果をもたらすものであり、援助活動はグローバル市場を歪め、腐敗を助長すると信じている。[149] このように、容認すべからざる不公正が容認されている。

富と所得の世界的格差

世界の不平等の大きさは、ムンバイのスラム街やエチオピアの田舎の村を訪れ、空腹で発育不良の子どもたちが、水道もトイレもない暗くて狭い部屋や小屋に住んでいるところを見なければ、とても推し量れないだろう。基本的な生活必需品すら持たない人たちの日常の苦しみは、貧困と不公平を示すグラフや図表から感じ取ることはできない。しかし、世界中で繁栄をどう分かち合い、苦しみを軽減するかという問題の大きさを理解するには、データが必要である。

世界の富は、一握りの億万長者に集中しており、そして彼らの富は急速に増え続けている。[150]『フォーブズ』世界長者番付上位80人の富豪は、人口の下位50パーセントに匹敵する富を所有している。

80人の超富豪が35億人と同じ資産を持っていると想像してみるがよい。これらの金持ちの多くは、金融、製薬業、化石燃料といった重要な産業部門で富を築き、彼らの会社は、利益を確実に増やし、税金を減らすべく、政策のロビー活動のために巨額の資金を使ってきた[151]。

そのような貪欲は理解を越えるどころか、不道徳である。

私たちは、世界70億人以上に分散する所得分布（フロー）よりも、一握りの人々に偏る世界の富の分布（ストック）について、多くを把握している。朗報といえば、手許の資料によると、「中産階級」が中国では急速に、またインドでも緩やかに増加するのに伴い、世界の不平等がやや是正されていることである[152]。悪いニュースは、過去30年間、上位１パーセントの富裕層の所得割合が増加し、ほとんどの国で所得格差が拡大したことである[153]。米国では、世界金融不況からの回復期に、上位１パーセントの層が全所得増加分の95パーセントを享受し、２００９年から２０１２年にかけ下位90パーセントの所得が減少したことにより、所得の増加は上位１％がほぼ独占する結果となった。

世界の富豪がどれほどの所得を得ているか、もっとはっきり言わせてもらおう[154]。２０１２年、上位１００人の億万長者は２４００億ドルの所得を得たが、世界人口の12・７パーセントを占める極端な貧困層（１日の生活費１・25ドル未満）を窮境から救うために、仮に彼らの所得から必要な資金を拠出したとしても、引き続き極めて裕福なことに変わりはない。

豊かな国での格差は問題か

仏教経済学では、この法外な不平等は受容できない。

富裕国と貧困国の世界的な所得格差に比べると、豊かな国における不平等はとるに足らないと思われるかもしれないが、それでも格差は不必要な苦しみを生み出す。人々は、住んでいる地域の社会的規範にしたがって生活しており、テレビやソーシャルメディアに登場する人物を含め、他人との比較を基に自分の経済的な充足感を判断する。より平等な世界の場合に比べ、格差があれば人々は恵まれないとの感情を抱く。より平等な所得分配は、地域社会への帰属意識が、妬ましい比較にとって代わり、つましい消費が、ステータスを誇示する消費にとって代わることにより、社会的厚生を改善する。

国が不平等を選択する

市民の間でどの程度の不平等を許容するかは、国によってさまざまであり、ある国の不平等は、その国民の価値観と文化を反映する。格差問題に明るい経済学者ジョゼフ・スティグリッツは、ある国の不平等は資本主義固有の結果ではなく、当該国が法律や制度を通じて選択したものであることを示した。[155]スウェーデン、フィンランド、ノルウェーなどの民主主義社会は、児童福祉と繁栄の分かち合いを最優先課題とし、これらの国々は、広範な所得の平等とすべての人の高い生活水準を実現した。他の国々は、まったく異なるアプローチをとった。スティグリッツは、多くの国で格差を増大した国家規則の一覧表を提示している[156]——自由貿易協定の拡大、所得税と相続税の軽減、労働組合の弱体化、金融業の規制緩和による金融富豪の急増、企業合併による市場支配力強化などである。

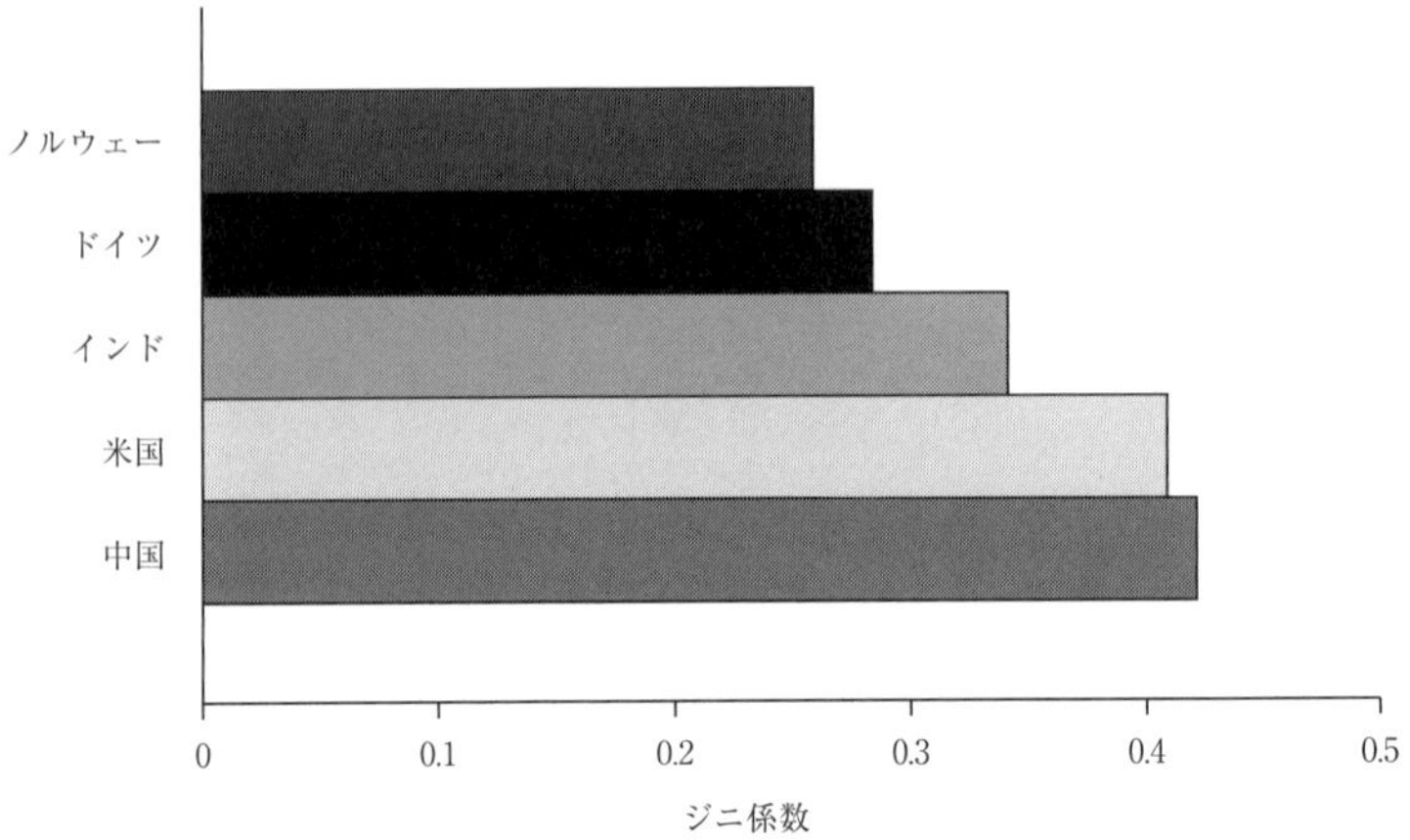

第２図　５ヵ国の所得不平等、2013年。可処分所得（税引き後、社会保障給付など政府の所得移転後の個人所得）の分布に基づくジニ係数。係数が低いほど良い（より平等な所得分配）。
出所：OECD所得分配データベース（IDD）とUNDP人間開発報告書から計算。

周知のジニ係数が、国ごとの所得不平等を明瞭に示してくれる。ジニ係数は、0（全員が同じ所得）から1（一人が所得を独占）の範囲を動く。第2図から、ノルウェーとドイツの所得が比較的平等で、米国と中国で格差が大きく、インドが中間にあることがわかる。ノルウェー、スウェーデン、デンマークは、民族が同質の小国であるため、平等が実現したに過ぎないとして、北欧諸国の平等を無視しようとする人もいる。しかし、より大国で民族が多様なドイツとフランスも、米国や英国に比べてずっと格差の小さい社会を実現している。スティグリッツは正しい――政府の政策が、人々による国の資源配分を決定付けるのである。繁栄の分かち合いという目標は可能である。

英国の経済学者アンソニー・アトキンソ

ンは、平等は政府の政策による選択であると、同意したうえで、さらに「何をすべきか？」と問う。[157]彼は歴史を振り返り、不平等は政府の政策を反映することを示す。たとえば、1960年〜1964年から2005年〜2009年の間に、米国ではロナルド・レーガン大統領、英国ではマーガレット・サッチャー首相の指導のもと、富裕層の減税によって上位1パーセントの所得割合が増大した。格差を減らすためにアトキンソンは、15の政策（一部はすでに実証済み）を実施することを提唱する。[158]それらには、最低賃金の引き上げ、労働組合と労働者の交渉力強化のための立法、最高税率65パーセントへの累進所得税率（所得が高くなるにつれ税率が上昇）の引き上げ、より累進的な相続税、児童手当などが含まれる。さらにアトキンソンは、雇用を得られない人に対する最低生活給での公的雇用保障、成人年齢に達した若者全員への給付金支給（最低限相続：教育あるいは自分の将来への投資資金として給付）をも提唱している。

不平等を懸念する他の経済学者たちも、より累進的な税金や低所得者を助けるさまざまな政策を後押しする。ノーベル賞を受賞したトーマス・シェリングは、格差が拡大したとき、高所得者の所得税が自動的に増加する仕組みを推奨する。バークレー校の同僚の研究によれば、カリフォルニアの最低賃金を引き上げても、低賃金業種の賃上げが転職（コスト増要因）を減らした結果、雇用の減少を招かなかったことが実証された。[159]

国内での所得配分の問題とは別に、国ごとの平均所得には非常に大きな差異が認められる。[160]2014年米国の平均一人あたり国民総生産（GDP）は、ほぼ5万5千ドルであり、ノルウェーはさらに高く、6万5千ドルに近かった。他方、アフリカの最貧国コンゴ民主共和国とニジェールでは、平均一人あたりＧＤＰはそれぞれ７４６ドルと９３８ドルで、ほとんどの人々が１日１・90ドル未満、年間７００ドル未満で命をつなぐという、極貧の生活を送っている。

世界の努力で苦しみは減らせる

　極貧を減らすための国連の実行計画は、協力して努力すれば成果が出ることを示している。[161] 全世界の貧困の削減は、国連のミレニアム開発目標――２０１５年までに世界の最も貧しい人々の生活を改善する実行15年計画――の顕著な成果である。極貧生活を送る人々の数は、１９９０年20億人近く（途上国の人口の半数近く43パーセント）から２０１２年９億人以下（途上国人口の17パーセント）に減った。他のミレニアム目標でも進捗があった。幼児死亡率は、出生数１千人あたり43人に半減した。しかし、今日でも１日１万６千人もの子どもたちが、栄養不良も重なって、予防が可能な肺炎、下痢、そしてマラリアで死んでいる。安全な飲用水を得られない人々の数は、１９９０年26億人から２０１２年６億６３００万人に、世界中で劇的に減少した。しかし、衛生設備の普及は大きく遅れており、いまも３人に１人（24億人）が適切な衛生設備を持っていない。初等教育の入学者数は91パーセントに上昇し、農業以外の女性雇用機会の増加、国レベルの女性議員増など、女性の地位は向上した。

　２０１５年国連は、２０３０年までの達成を目指すべく、より意欲的なＳＤＧｓ――持続可能な開発目標――を採択した。新計画は複雑で、17項目の相互に関連した持続可能な開発目標と、１６９のターゲット（中間目標）で構成されている。本章のテーマである繁栄の分かち合いとの関連では、特に3つの目標が注目される。すなわち、不平等の縮小（目標10：人や国の不平等をなくそう）、成長（目標8：働きがいも経済成長も）、および持続可能な消費と生産（目標12：つくる責任つかう責任）である。

17項目の目標にたじろぐことはない。というのは、持続可能な開発目標は、仏教経済学を反映する5つのP[162]に要約できるからだ。

ピープル：すべての人が、健全な環境で尊厳と平等のもと、各人の潜在能力を発揮できることを確保する。

プラネット：地球が、現在と将来世代のニーズに応えられるように、天然資源を持続可能な形で管理し、気候変動に対して緊急対策を講じる。

プロスペリティ：すべての人が、豊かで生きがいのある生活を楽しみ、経済的、社会的、技術的進歩が、大自然と調和して行われることを確保する。

ピース：恐怖と暴力から解き放たれ、平和かつ公正で、包摂的な社会を作り上げる。

パートナーシップ：これらの目標、特に最も貧しく弱い人たちのニーズに焦点を当てた目標を達成するため、すべての国と手段を動員する。

残念なことに、国連の開発目標——新旧ともに——は、２００８年に始まった世界不況、中東やアフリカの戦争と政治不安によって、実行が阻害されてきた[163]。それでも多くのことが達成されたことは、称賛に値する。世界中で貧困にあえぐ人々の数を減らしたことに加え、国連の努力は、世界でマラリアの発症を急減させた。２０００年以降、先進諸国はマラリアの予防と治療プログラムを賄う資金を10倍に増やし、６２０万人ものマラリア患者が救済された。世界のマラリア発症例は３分の1以上減少し、死亡率は半分以下となった。

このことが示すものは、裕福な世界が、行動を起こし資金提供の決意をすれば、良い結果が迅速に期待できることである。恵まれたこの世界での極端な貧困と予防可能な疾病は不道徳であり、豊かな世界は、貧困と疾病の両者とも速やかに解決できるし、そうすべきである。すべての人々が、人権を尊重する持続可能な世界で、尊厳をもって快適な生活を送るという目標――私たちは、その目標を実現することができる。

仏教経済学において、富裕国から貧困国への資金援助は、苦しみを解放するうえで重要な役割を果たす。しかし、一部の専門家は、資金の移転は人間の貪欲の餌食となり、人々の生活を改善するプログラムの開発には結びつかないと論じる。適切なガバナンスの仕組みを欠く国では、汚職が資金を吸い上げてしまい、外国援助は問題をひき起こす。公平を重んじる経済学者の多くも、汚職を理由に援助に反対している。ニューヨーク大学の経済学者ウイリアム・イースタリー教授は、貧困国への資金提供は効果的ではないと述べる。なぜなら、彼らのトップダウンのテクノクラート的アプローチは、個人の権利と自由を改善しないし、地場の案件に役立たず、汚職を増長するだけだと。[164] 他方、潘基文（前）国連事務総長や持続可能な開発経済学者ジェフリー・サックスのような人たち[165]は、開発途上国への公的援助として、富裕国はＧＤＰの０・７パーセントを公約すべきと主張する。なぜなら、援助は、貧困国の苦しみを解放し、持続可能な経済を開発するうえで不可欠な手段と考えるからである。

富裕国の援助資金が国連のミレニアム開発目標を支えた。ただし、最終的な成果は成功といえる一方、援助の結果と金額は期待に届かなかった。援助資金の非常に多くの部分は、援助国の外交目的と商業利益のために支出された。援助の半分以上は、債務救済、特に銀行の破綻を回避するために使われた。残りの多くは、軍事援助と自然災害の支援に転用された。

仏教経済学は、資金提供国自身の利害のための、また貪欲な指導者の懐に入ることになるような援助は止めるべきと考える。だが、健康と福祉——特に貧しい人の——を増進するプロジェクトなど本来の援助は、そしてすでに約束済みだが未実行の多額の援助資金は、毎年数百万人の命を救い、極端な貧困をなくすことができるはずである。

地球温暖化の危機に突入

気候変動を原因とする極端な天候と自然災害は、食糧とエネルギー価格を押し上げ、貧困国に死と病をもたらす。そして気候変動による被害は、過去半世紀の経済開発と公衆衛生改善の成果を無に帰してしまう恐れがある。貧困国の人々は、CO_2をほとんど放出していないが、地球温暖化の被害の矢面に立たされている。[166] 貧しい人たちは、生活の質の悪化に対してもっとも脆弱であり、気温の上昇、洪水、旱魃や暴風雨による健康その他の被害に加え、食糧供給の減少や物理的な混乱によって生存そのものが脅かされている。[167]

一方、富裕国は、化石燃料に支えられた工業化によって繁栄し、そこで排出されるCO_2は今後数十年も地球を温め続ける。要は、富裕国の経済繁栄のつけを主として払っているのは、貧困国であるということだ。

事態を複雑にする一因は、新興国が、今度は自分たちが安いエネルギーを使って経済成長をする番だ、と主張していることである。中国、インド、ロシア、ブラジル、そしてインドネシアは、膨大な温室効果ガスを排出している（第4章を参照）。

ここで議論を呼ぶであろう質問をしなければならない。「発展途上国を助けるうえで、工業国の義務とは何だろうか。」仏教経済学は、豊かな国は貧しい国と繁栄を分かち合わねばならないと考える。しかし富裕国は、負担を担うことに乗り気ではない。パリの国連気候変動枠組条約締約国会議（ＣＯＰ21）において富裕国は、気候変動の被害の責任を負うことに消極的で、貧困国がクリーンエネルギーに転換する補助金として、年間わずか1千億ドル提供することに合意したに過ぎない。[168] 中国は単独で２０１５年、再生可能エネルギーにこれ以上の投資をしている。[訳注19]

米国を筆頭に富裕国は、その大きなＧＤＰを自然災害への対応、再生可能エネルギー投資、都市の強靭化に向ける一方で、相変わらず地球の資源を貪欲に使い、生態系を壊し続けている。衝撃的な数値を示そう。[169] 世界人口の４・４パーセントを占める米国は、世界のＧＤＰの24パーセントを生産し、世界のCO_2の15パーセントを排出する。世界人口７パーセントのＥＵ（欧州連合）は、同じく世界ＧＤＰの22パーセント、CO_2排出の11パーセントを占める。ＥＵ内でも国ごとの差異は大きく、ＥＵ加盟28ヵ国のうち７ヵ国がＥＵ全体の77パーセントのCO_2を排出する。[170] 炭素排出の不平等は次のように要約できる。世界人口の貧しい半分が排出する炭素は、世界の10パーセントにとどまる一方、豊かな人口10パーセントが排出するCO_2は世界の半分に達する。

中国とインドなど途上国が、経済成長に伴い西側諸国の生活水準を模倣することを止めよと、富裕国は要求することはできない。その代わり富裕国は、エネルギーと天然資源濫用による環境被害を軽減する先導役を務めつつ、快適な生活水準の提供に必要な持続可能な成長を実現するために、世界中の国々と協調しなければならない。

救済策としての経済成長？

私たちはすでに過去30年間、経済成長を活用して再生可能なエネルギー源に投資し、温室効果ガス排出を減らす機会を逃してきた。いまこそ富裕国は、経済成長と環境破壊の結びつきを断ち切り、持てる巨大な資源を有効に使わなければならない――すなわち、クリーンエネルギーに切り替える、最新の輸送システムを整備する、殺虫剤と過剰な灌漑に依存しない農法を使用する、高エネ効率の建物・住宅を建築する、持続可能な水処理システムを建設する、過剰消費をやめる、廃棄物をなくす、天然資源の搾取と労働条件改善のために業界の慣習を規制するなどである。幸いなことに、政府と企業が、エネルギー効率を高め、再生可能エネルギーをより多く使う努力を、少しずつにせよ積み重ねることにより、多くの国で温室効果ガスの排出とＧＤＰ成長が、段々と切り離されつつある。[171] しかしながら、先進国はまだ、「多ければ多いほどよい」の思い込みに囚われている。経済成長至上主義は、飽くことなき消費の拡大に焦点を合わせており、経済成長の目的を持続可能な世界の建設に定めるには至らない。

持続可能な開発の専門家ジェフリー・サックスは、１９８０年代に始まった米国における自由市場思想の興隆と政府の役割の後退が、過剰消費と偏執的な富の追求にどのように結びついたかを解明している。彼の著書『世界を救う処方箋』（訳注：原題の直訳は「文明の対価」）は、公徳心――特に富裕層と権力に近いエリートの市民道徳――の低下が、２００８年とそれ以降の米国の経済危機をもたらしたと論じる。サックスは、新たな豊かさへの道筋を次のように描く。「過度な消費主義と病的なまでの富の追求に抵抗することは難題であるが……現在の経済的幻想から抜け出す道は、心豊かな社会を築くことだ。自覚と中庸という個人の徳と共に、他人への思いやりという市民道徳を大切にする社会である。」[172] 仏教経済学は、国民の繁栄と幸福に導くこの道筋に同感である。

豊かな国の多くの人々が、燃費の悪い大型車を運転し、ほとんど使わない部屋ばかりで光熱費がかかる邸に住み、食べ物を粗末にし、廃棄物でゴミ処理場を溢れさせる――そのような贅沢で浪費型の生活スタイルを維持する限り、地球を救うことは絶望的である。途上国の人々は、私たちが富裕国で送るのと同じ生活スタイルを求めようとし、贅沢で浪費型の生き方を見習う。しかし、豊かさを分かち合うには、富裕国の上位60パーセント程度の人々が、生活を簡素化し、私たち全員が思いやりを持って生きなければならない――これが仏教経済学の心である。

２０１６年2月、スリランカのコロンボに降り立ったとき、私はジレンマをはっきりこの目で見た。通りはＢＭＷ、アウディ、ベンツといった大型の高級輸入車で身動きがとれず、豊かな人々が暮らす郊外は、広い庭付きの邸宅が連なっていた。スリランカの専門職や経営者層は、他の途上諸国と同様に、所得が増えるにつれ西欧の生活スタイルを取り入れ、それにつれ大気汚染、水道不足、廃棄物処理が問題になっている。外車と石油の輸入によって、貿易収支が悪化したことはいうまでもない。

他方、スリランカの人口の下位80パーセントは、基本的な物資にも事欠く生活を送っている。そのような人々の世界にとって持続可能な開発とは、健康な食品、水洗トイレ、上水道、（再生可能エネルギーによる）台所レンジが整った安全な住居、（持続可能な電力源による）電車、公立学校、保健医療、インターネット接続、すべての宗教と人権の尊重――これらに**すべての人々**がアクセスできることである。開発途上国は、化石燃料に依存する古い技術を飛び越えて、エネルギー、情報通信、交通手段や衛生医療を提供する最新の「グリーン」テクノロジーを利用することができる。人々の健康と能力は向上する一方、石油製品の輸入が減ることによって、国の貿易収支は改善するだろう。

スリランカのみならず世界中で持続可能な開発を実行するためには、豊かな国の大多数の人々を含むあらゆる地域の富裕層が、生活を簡素化し、エコロジカル・フットプリントを減らすことが、最低限必要である。

国連は、持続可能な消費と生産（ＳＣＰ）目標[173]を設定することで、このことを暗黙理に認識している。ＳＣＰは「少ない資源でより多く」と理解されている。すなわち、生産と消費両面で資源の利用、廃棄と汚染を減らす一方、世界中で厚生を確実に増進し、貧困を減らすことである。

私たち一人ひとりが持続可能な消費を実行し、個人的にどのように炭素とエコロジカル・フットプリントを減らせるか工夫するべきである。無知と不作為は、もはや地球温暖化への加担と、持続不可能な生き様をする言い訳にはなりえない。仏教経済学は、持続可能かつ公正な経済を建設するために必要な政策を提示している。私たちは、政府がこれらの政策を採用するよう要求し、またこれらの目標を達成するために、自分たちの生活を変えなければならない。

ところで、私たちは、不必要に人に苦しみをもたらしている2つの大きな危機——弱体なギリシャ経済とシリアの難民危機——から学習することができる。自由市場経済学ではなく仏教経済学は、この2つの危機に対してより良い対応策をとることができるだろう。

グローバル政策としての緊縮策を止めよ

世界は、投資を待つ貯蓄に溢れているが、生産的な投資をすれば、持続可能経済に必要なインフラと住み良い都市を建設することが可能で、かつ高収益を期待できる開発途上地域には、ほとんど資金は向かわない。ジョゼフ・スティグリッツが言うとおり、「本来なら貯蓄と投資機会の効率的な仲介の場となるべき世界の金融市場は、そうではなく資金配分を誤り、リスクを作りだしている……（欧米の金融機関は）市場操作とその他の欺瞞的手法の魔法使いだ。」[174]

かつてジョン・メイナード・ケインズは、政府予算と国民生産高の関係を理論的に説明したが、それ以来、ノーベル賞を受賞したスティグリッツやポール・クルーグマンを含む多くの経済学者は、深刻な不況のさなかに緊縮策をとれば、国民生産高を減少させ、失業を増やすだけであることを理解している。引き締めの強制は、国民経済を後退の悪循環に陥れる。重債務国に対し、国際通貨基金（IMF）と民間銀行への債務返済を迫ることは、人々の生活と国の健全性を犠牲にして、金融界の健全性を優先することにほかならない。私たちは、このやり方が南米やアジアの国々で繰り返されるのを見てきたが、政治や金融界の指導者は、緊縮政策が対象国を助けるどころか、逆に経済を悪化させることを学習しようとしない。

いまもまた、欧州のトロイカ（欧州委員会、欧州中央銀行、ＩＭＦ）は、ギリシャの債務を管理可能な条件に再編することを拒否し、悪夢のような引き締めをギリシャで繰り返そうとしている。緊縮策の実行により、２００９年から２０１３年の間にギリシャの実質経済生産高は20パーセント以上下落し、若者の失業率は20パーセント台初めから60パーセントに跳ね上がった[175]。賃金と所得の下落に伴い、貧困は増加し、ギリシャ国民は反乱を試みた[176]。著名な経済学者たちが公然と彼らを支持し、トロイカによる引き締め要求をやめるよう呼びかけた。代わりに、債務の借り換え、投資と歳出増による経済成長、脱税と汚職の減少に重点を置くよう主張した。しかし、グローバル金融への反乱[177]は、結果的にギリシャによるＩＭＦ借款の返済不履行をひき起こし、債務の再編とさらなる緊縮政策の強制につながった。ギリシャの経済危機は続いている[訳注20]。

ケインズ経済学説にしたがい、仏教経済学は、債務負担の返済可能な水準への再編、完全雇用を回復するための政府支出、貪欲と汚職を減らす政策を提唱する。自由市場経済学に基づく緊縮政策は、経済の果実を豊かな債権者に還元し、何百万もの人々に無用な苦しみをもたらす。私たちなら、別のやり方をするだろう。

戦争に追われた難民の支援

この数十年、内戦と多国籍軍による侵攻が、広い地域にわたり、特に中東を荒廃させた。多くの家族が、故郷や村を追われて難民キャンプに逃れたものの、キャンプでは生存に必要な食糧、水、住居、衛生施設、保護体制がしばしば不足している。劣悪な状況で死に直面し、多くの人たちは、安全に生活できる場所を求めて、しばしばキャンプを後にする。

現下のシリア内戦[178]は、恐るべき規模の人道主義的、難民危機を作りだした。ほぼ５００万人のシリア人が国外に逃れ、さらに６５０万人がシリア国内で流浪している。[179] 避難民の半分以上は子どもたちで、家族と別れ離れになった子どもも少なくない。

シリア難民のほとんどは、トルコ、レバノンとヨルダンに逃れたが、これらの国には莫大な人数の流入を受け入れる十分な体制が整っていない。国連は他の国々に、難民の一部を積極的に引き受け、再定住のために資金援助するよう要請している。ドイツは、アンゲラ・メルケル首相が率先して動き、他の欧州諸国とともに難民受け入れ計画を立てようとしたが、各国の反応は概ね、「欧州には来てほしくない」だった。[180] 米国は、２０１１年からシリア難民をわずかながら１５００人受け入れたが、反応は同じように否定的だった。すなわち、２０１５年11月に31州の州知事は、自分たちの州への難民受け入れに対して抗議声明を出した。[181] 難民家族が必死で安全な場所を探し求める一方、待ち受ける結果は国境と海上での混乱であった。

巨万の金融資産家で博愛主義者として知られるジョージ・ソロスは、シリア難民を受け入れ世話をする直截な計画を提唱した。[182] 彼の計画は、欧州諸国に一定人数の難民引き受けを義務付け、ＥＵが当初2年間の難民一人ひとりの定住コストを賄うというものである。さらにＥＵと国連が、ヨルダン、トルコとレバノンに対し、そこでの難民の世話に必要な資金を拠出することを求めている。

仏教経済学は、戦争や気候変動による荒廃から逃れる難民を支援する、国連の努力や、ジョージ・ソロスのような人たちの運動を支持する。各国は協力して、暴力、極端な気象、食糧不足などが引き起こす、強制的な移住に対処する仕組みを作る必要がある。恐怖や人々の不要な苦しみはなくさねばならない。

結論

繁栄の分かち合いは、私たちの社会と経済を形づくる国の政策がもたらす結果である。国内と世界の不平等は、各国が行う選択であり、しばしばその選択は、指導層が私欲と保身のために体制をどのように利用しているか、理解しないままなされる。仏教経済学において、世界で繁栄を分かち合うことは道徳的責務である。

第6章　生活の質（QOL）を測る

正と負の欲望ないし行動の違いは、
それがすぐに満足感を与えるかではなく、
詰まるところ正あるいは負の結果をもたらすかである……
貪欲の興味深い点は、根本の動機は満足を求めることであるが、
皮肉にも欲望の目的が達せられた後も、なお満足しないことである。
――ダライ・ラマ、『こころの育て方』

経済実績の測り方は、私たちの価値観を反映しており、私たちがどのように生きるかを決定付ける。個人あるいは国としての経済目標は、毎月私たちが調査し、公表される統計データと緊密に結びついている。仏教経済システムは、どの程度経済が、繁栄の分かち合い（家族間の資源配分）、持続可能性（現在および将来世代のための健全な生態系）および生活の質（ＱＯＬ：生きがいのある生活をする人たちの幸せ）を提供しているか、それらを評価する尺度を必要とする。

今日、世界の国々は、経済実績を国内総生産（ＧＤＰ）の動向を見ることで判断する。ＧＤＰは、財・サービスの市場での生産高を計測し、本来的に国民所得に等しい。しかしながら、ＧＤＰは市場外のすべての活動を無視することから、経済実績の偏った不完全な評価しか下さない。ＧＤＰは、仏教経済学の３つの主要目標を計測できない計算方法である。

生活の質：市場における財・サービスの消費だけを計上し、生活の他のすべての側面を無視している。

持続可能性：大気汚染、水質汚濁、化学物質による土壌汚染など環境への害を無視している。

繁栄の分かち合い：幸せを示すための平均ＧＤＰは不平等を無視する。最富裕層の所得が増えれば、その他の階層の所得が低迷していても、一人あたりのＧＤＰは増加する。

経済成長はもっぱら富裕層に恩恵をもたらしてきたため、もはやＧＤＰの伸びは、「すべての船を持ち上げる上げ潮」ではない。また経済実績を測る際、環境の劣化や、地球を温暖化する温室効果ガスの排出を、これ以上無視できない。私たちには、公正かつ持続可能な世界で、生きがいのある生活を送る人々の能力を測定するための尺度が必要である。

ＧＤＰを超えて

私たちが何を買い、消費するかに社会が注目する限り、私たちの思考と行動そして政府の政策は、ＧＤＰ成長という物質的、個人主義的な計測値によって決められ、さらに強められる。

経済の実績値が私たちの価値観を反映し、私たちの幸せが改善しているか否か判定できるようにするには、どのように経済活動を測ればよいのだろうか。第3章で、長期的には国民の幸福は国民所得が増えても向上しないことを見た（イースタリンの逆説）。では、先進国でもっと正確な社会的、経済的な福祉の尺度を使えばどうだろうか。この場合、平均所得と相対的所得の動向の間で違いがあることがわかる。健康、教育と社会問題の全国的計測値（生活の質（ＱＯＬ）指標と呼ばれる）は、平均国民所得とともには改善しない。すなわち、ＧＤＰ成長は国民の幸福増進を意味しない。しかし、所得の不平等が減少すれば、どこの国かを問わずＱＯＬ指標は改善する。もし特定の国の**国内**をとれば、所得分配こそが問題であり、ＱＯＬ指標は一般の人々の所得とともに改善する。このことは仏教経済学のアプローチを裏付けている。低所得の家庭が、基本財を購入できる適切な所得を得つつ、適切な保健医療、教育、社会的ネットワークへのアクセスを有することで、すべての人々がともに潜在能力を発揮できることが大切である。

　経済実績は、持続可能性に向かう進捗も織り込まなければならない。地球は、化石燃料経済に基礎を置く経済成長にもはや耐えられない。私たちはすでに、極端な気候と海水面の上昇に起因する地球規模の問題を見てきた。さらに富裕国、貧困国を問わず、汚染された水や土壌や大気によって、人々の健康が直接損なわれる地域的な環境悪化も、計算に入れる必要がある。

　これらを総合的に考慮すると解決策は、国民所得だけでなく、公正、持続可能性および非市場活動の改善度合いを、経済成長に結びつけることである。そうすれば、各国の経済実績を包摂的に計測することができ、先進国は平均所得の伸びだけに注力することがなくなるだろう。包摂的な尺度を採用すれば、不平等が緩和され貧困家庭の消費が増加するとき、またCO_2排出量が減り再生可能エネルギー源の使用が増えることで、経済の実績値は上昇する。

生活の質を経済実績の不可分の一部として計測し始めれば、所得（特に消費）の増加のみに焦点を当てるのではなく、個人と国の福祉を増進する目標を設定し、政策を開発するようになるだろう。経済実績と幸せが結びつけば、国民は自分たちの生活の進歩と経済の進歩を、もっと包摂的で意味のある方法で測ろうとするだろう。

確かに、経済実績を生活の質で計測することは容易ではない。しかし幸いにも仏教経済学は、経済実績の測り方について一からすべて学びなおす必要はない。すでに経済学者は、汚染や環境被害、所得の不平等、幸福、人間の潜在能力、無報酬の活動（有用・有害ともに）を計測する方法を開発している。世界中で幸せの幅広い指標がすでに開発されている。たとえば、ブータンの「国民総幸福量指数」（ＧＮＨ）、国連の「人間開発指数」（ＨＤＩ）、ＯＥＣＤ（経済協力開発機構）の「より良い暮らし指標」（ＢＬＩ）、「真の進歩指数」（ＧＰＩ）、「地球幸福度指数」（ＨＰＩ）[訳注21]を挙げることができる。以下では、どのように経済実績の尺度を作るかを考える際の参考として、これらの指標を利用することとしよう。しかしその前に私たちは、ＧＤＰが何を明らかにし、またしないかを、もっと理解しておかねばならない。

ＧＤＰの何が問題か

ＧＤＰには、経済指標として有用な部分はもちろんある。[183] 計算の仕方は（少なくとも経済学者の間で）よく理解されているし、何十年も世界中の国々で同じ方法で計算されてきた。月別のＧＤＰ

計数によって、各国間のあるいは一国の経済（市場）成長を比較することができる。ＧＤＰを開発したノーベル賞経済学者サイモン・クズネッツは、国の厚生を判断するためには使えないと１９３４年に警告したが、各国は、それぞれのＧＤＰ計測方法の改善のために、膨大な時間と資金を費やしてきた。

私たちは、間違った数値を正しいと思い込んでいる。

ＧＤＰは、経済成長を測るうえで所得のみを使うがために、所得が国の主要な焦点になってしまった。これによって個人は何を買うかに関心が向くことになり、国は不平等と持続可能性にほとんど注意を払わない。誤った経済活動の尺度は、誤った国の政策をもたらし、その結果私たちは誤った方向に導かれてしまう。

ではＧＤＰの伸びは、人々の福祉について何を明らかにするのだろうか。２００８年の世界金融危機以降のＧＤＰ回復期において、欧米の人々は生活水準が改善したという実感を持てなかった。賃金は低迷し、雇用の増加も微々たるものだった。

２００５年ハリケーン・カトリーナが、ニューオリンズと近郊のメキシコ湾沿岸に、死者１８３３人を含む甚大な被害をもたらしたとき、ＧＤＰは一銭も減らされなかった。それどころか災害が起きた後、１２００億ドルもの救援コストと４１０億ドルの保険金の支払いが、ＧＤＰに実際に加算された。これによって自然災害がＧＤＰに１６１０億ドル貢献した――ニューオリンズ住民や、家屋や生活の再建でその後何年も苦労した人々の、生活の質の低下は無視である。

ＧＤＰがいかにミスリードしうるか、例をもう一つ挙げよう。ガロンあたり50マイル走行のプリウスを運転する人と、同じく14マイルのＳＵＶハマーを運転する隣人を比較すれば、自由市場経済は、経済にとってハマーの方が良い選択であると教える。ハマーはプリウスに比べ、走行１マイルあたり３倍以上ＧＤＰを増やすからである。ＧＤＰはガソリン購入量だけを記録し、CO_2排出による害を無視することにより、私たちを非論理的な結論に導いてしまう。

仏教経済学のシステムでは、汚染のコストはガソリン価格に含まれ、環境への悪影響は経済実績の計測の対象となる。したがって、走行距離あたりのガソリン消費量が少なければ、経済実績に良い効果を与える。排出ガスに課金し、汚染に対し経済負荷を強いることによって、仏教経済学のシステムは、人々が燃費効率の良い車を買うようにインセンティブを与える。自動車会社は、環境に配慮した車を製造販売するようになり、地方自治体は、公共交通により良い選択肢を提供できるようになると同時に、カーシェアリングのような新機軸が生まれる土壌も育まれるだろう。

仏教経済学の尺度では、どのように経済活動を測るか、虎の巻を列記してみよう。

・基礎財の消費増加は経済実績に加算されるが、ステータスを誇示する奢侈財は加算されない。
・非自発的失業は経済実績から差し引かれ、市場外活動の時間増加——市場外の無報酬活動——は加算される。
・環境の劣化は経済実績から差し引かれ、クリーンエネルギーの消費は加算される。
・健康の悪化はマイナス効果、教育改善はプラス効果をもたらす。
・一人ひとりへの機会改善は経済に加算され、犯罪、暴力、自然災害は差し引かれる。

・仕事、家族、地域社会のための大切な（マインドフル）時間の使い方は経済実績に加算され、残業や有害な活動は差し引かれる。

・総合すると、成長は、大切に資源を使っているか（資源の原産地の回復と涵養を含む）により測られ、有害で浪費型の消費は成長から差し引かれる。

これらの項目は、経済と生活の質を評価する常識的な方法であり、米国の連邦準備銀行（ＦＲＢ）と議会が政策に参考とする月例指標にすべきである。これらは、生活の質をＧＤＰより大幅に広く計測かつ評価するがゆえに、すべての人々の繁栄、それも持続可能な繁栄への道筋を提供するだろう。

経済実績を測る３つの包摂的方法[訳注22]

包摂的尺度には何を含める必要があるかを見てきたので、実際にその尺度を作るという難しい作業にとりかかることとしよう。

経済実績の包摂的な計測値は、通常３つの方法で計算される――政府のデータに基づく（ドルあるいはその他通貨表示の）単一の価値尺度、調査データに基づきパーセントで表示されることが多い非貨幣表示指数、さまざまな情報源に基づく（他国との比較など）多くの指標を示す統計ダッシュボード（データ一覧表）の３方法である。それぞれの方法には長所と短所があり、経済実績の異なる側面を理解するうえで役に立つ。

1．**単一の価値尺度**は、ＧＤＰを以下のとおり拡張する――非市場の便益（たとえば育児、余暇）を加算し、非市場のコスト（たとえば環境の劣化、資源の枯渇）を差し引き、さらに人々の間の不平等を調整する。すべての構成要素は貨幣表示されるため、合計すれば生活の質を表す単一の貨幣価値（たとえばドル）となり、ある国の時系列的な経済実績を示す。この尺度によって、環境劣化や消費の分布状況など、個々の構成要素の傾向を知ることもできる。国別の経済実績を比較するためには、現在ＧＤＰ統計で行われているように、すべての国が同じ手法で生活の質を計測しなければならない。最も一般的に使われる単一の価値尺度は、「真の進歩指標」（ＧＰＩ）であるが、その採択に向け音頭取りをしようとする国はまだない（ＧＰＩについては後で詳述する）。

2．**非貨幣表示指数**は、ドルその他の通貨に換算**しない**で、変数を集計する単一の総合指数である。変数は通貨表示ではなく、（0～10など）同じ目盛りに変換され、総合指数を合成するために特定の手法で集計される。非貨幣表示指数は、広範囲にわたる変数をまとめるため、さまざまな方法を使用する。よく知られた例は、ブータンの国民総幸福量指数（ＧＮＨ）で、同等の９分野の複雑な総和である――心理的幸福感、時間の使い方、地域の活力、文化の多様性、自然環境の健全性、生活水準、保健、教育、および良い統治（ガバナンス）の９分野からなる。ある人の幸福度の点数は、０から１００パーセントの間にある。分野は、合計33の指標から計算され、さらに33指標は１２４の加重調査変数（主観的な変数の比重は小さい）の集計である。それぞれの分野には、満足度の境界値（水準）が割り当てられる。ＧＮＨは、それぞれの分野でどれだけの人々が満足な水準に到達したかを示す、政策の成果を見る尺度を提供する。

ブータンは、ＧＮＨを使って国民一人ひとりの「幸福度」の点数を知るために、２０１０年に全人口を調査し、２０１５年には全国を代表するサンプル調査を実施した[184]。その目標は、人々の教育レベルあるいは職業、地域による点数の差異を理解したうえで、「まだ幸福ではない」人々（人口の９パーセント）と「やや幸福」な人々（48パーセント）の状況の改善にあった。孤立した田舎に住む人たちより都市住民の方が幸福であることが浮き彫りになり、また僧侶と高学歴層は「極めて幸福」であると報告した。

変数を非貨幣表示指数に集計するもう一つの方法は、構成要素ごとに他国の値との相対的な値を各国ごとに算出し、国々の順位を示す単一指数（0～1の値）に集計するやり方である。一例は、１９９０年以来１８７ヵ国について計算されている人間開発指数（ＨＤＩ）[185]で、広く利用されている。人間開発の３つの側面は、保健（出生時平均余命）、教育（平均就学年数と就学予測年数の組み合わせ）および生活水準（一人あたりの所得）である。国ごとに指数が計算され、ある国の順位（絶対変化ではない）は時系列的に比較可能である。しかしＨＤＩは、不平等と環境劣化による調整はしていない。

３．**統計ダッシュボード**（データ一覧表）は、幸福のさまざまな指標を、一つの総合的な値にまとめることをせず、そのまま提供する。それぞれの指標は、通常多くの変数に基づいており、変数には幸福に関する特定の目標を達成するうえで不可欠と思われる、主観的な調査データと客観的な政府データが含まれる。指標は個別に表示されるため、時系列的な傾向のみを知ることができる。統計ダッシュボードは、一つの総合的な幸福の統計数値に集計されないために、国民の生活の質が時系列でどのように変化するかは見ることができない。

しばしばダッシュボードの指標は、いくつかの国のグループについて相対的に計算される。それにより各指標は、国の順位を示すことになる。この相対的アプローチの欠点は、たとえば環境の質という特定の指標に関し、グループ全体として改善しているかどうか判断できないことである。ＯＥＣＤの「より良い暮らし指標」（ＢＬＩ）はこの種の尺度であり、後にもっと詳しく見ることとしよう。

正しい数値を選ぶ

各国と専門家の間で、生活の質（ＱＯＬ）をどのように測るかについての合意はない。そのことは、社会的、経済的目標をどのように優先付けするか、そして特定の尺度がこれらの目標をうまく捉えられるかに関する意見の相違を反映している。選択すべき測定基準として受け入れられた特定の方法はない。一つのアプローチの使用に同意した人たちの間ですら、何の変数を取り入れ、どのように計算するかについて、議論が絶えない。保健医療、貧困や環境問題の専門家は、彼らが重視する指標がＱＯＬダッシュボードに含まれないとの理由で、しばしば互いに対立する。その指標が単一尺度の中心になりえないのは無論である。変数を計測するデータの質をめぐる対立にも事欠かない。専門家の一部は、水質、健康問題、犯罪など、実際の計測結果を集計した客観データに限らねばならないと主張する。他方、水質、健康、安全、そしていうまでもなく幸福について、人々の認識（主観的データ）を使おうとする人たちもいる。

生活の質を測るために、どのようにＧＤＰを超えて進むかにつき合意に達するには、これらの論点すべてに対処しなければならない。「完全な」尺度は存在しない点に、誰も異存はない。今後数十年、各国の生活の質を測り比較するために、どのような計測基準を世界的に使うべきか、私たちは決めることになるだろう。たとえ不完全な尺度でも、間違いなくＧＤＰより優れている。また、ある尺度が世界的に使われるようになれば、経験によって専門家がその尺度を改良していく。いってみればＧＤＰも、何十年にわたり開発と精緻化を重ねてきたのである。

貧困国と富裕国における進歩の計測

貧困国と富裕国とでは、生活水準と必要とするものが大きく異なるため、それぞれに適した尺度も違ってくる。貧しい国は、食料、水、住居、保健医療および教育といった基本的要求を満たさなければならない。一方、豊かな国は、特に生活できる給与での雇用を確保し、下層階級の基本的要求を満たすとともに、物質以外の側面であらゆる人の生活の質を向上させなければならない。たとえば家族や友人と一緒の時間を増やす、ストレスの軽減、食生活の改善、適宜な運動などバランス

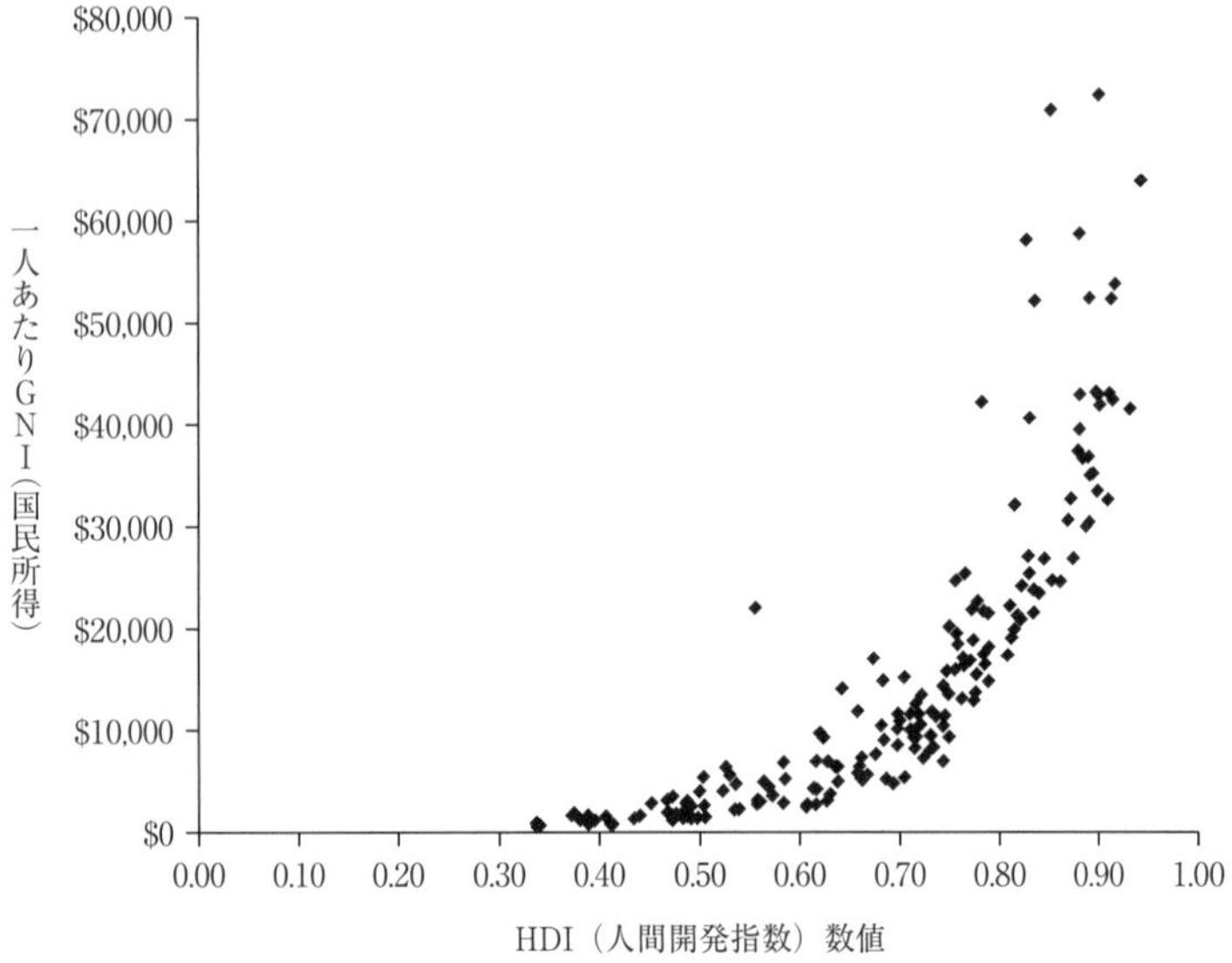

第３図　GNI対HDI（2013年）。2011年ドル購買力平価（PPP）による一人あたり国民所得。GNIが80,000ドル超の３ヵ国（カタール，クウェート，リヒテンシュタイン）は表示されていない。GNIはHDIの構成要素であることに留意を要する。

出所：国連人間開発報告書2014年から計算。http://hdr.undp.org/en/data.

のとれた生活を実現することである。所得の如何を問わずすべての国々は、最貧層の福祉を向上させ、劣化した生態系の健全性を回復することで、生活の質を改善することができる。

　広く使われている人間開発指数（ＨＤＩ）は、平均寿命、識字率および所得面での改善に基づき、貧困国の福祉を評価する手法として国連によって作られた。貧困国のＨＤＩは、これら3分野における他国との相対的な実績を示す。富裕国は、平均寿命が長く、教育が普及し所得が高いことから、常にＨＤＩ数値の上位を占めるため、ＨＤＩは富裕国の評価にはあまり適さない。この点は、ＨＤＩと一人あたり所得を点グラフで示した第3図からはっきり読み取れる。所得はＨＤＩの構成要素であることから、両者がともに上昇することは予想どおりである。注目すべきは、豊かな国はＨＤＩよりも所得の面でばらつきが大きく、他方、貧しい国は所得よりもＨＤＩのばらつきが大きいことである。

富裕国の高いＨＤＩ数値は、第3図右寄りのほぼ垂直に上がる点の群（所得のばらつきを示す）に表れている。国連が「非常に高い人間開発」（ＨＤＩ０・80〜０・94）に区分した49ヵ国ほとんどすべてが、一人あたり平均所得2万ドル超である。貧困国は、グラフの底辺に沿って散らばっており、所得の低さよりもＨＤＩのばらつきの大きさを示している。所得が非常に低いため、貧困国のＨＤＩ数値を決定付けるのは、主に平均寿命と教育である。国連が「低い人間開発」（ＨＤＩ０・33〜０・55）と位置付けた43ヵ国のほとんどは、一人あたり平均所得5千ドル未満である。

富裕国の生活の質を測り比較するには[186]、真の進歩指標（ＧＰＩ）のような単一の価値尺度を使うことができる。ＧＰＩは、市場での消費に加えて、所得の不平等、非市場活動および環境を組み入れる。ＧＰＩは、豊かな国々が包摂的な経済活動の面で、いかに違うかを示すには良い尺度である。しかし、貧しい国々の一人あたりの消費は少ないので、ＧＰＩは非常に低く同じような範囲に収まってしまう。17ヵ国を調べたあるＧＰＩの研究によれば、１９９０年から２００５年の期間、工業国の一人あたりＧＰＩは大きな差があったのに対し（たとえば、米国、日本、英国では７５００ドルから1万7千ドルの範囲）、比較的貧しい国々では違いがほとんど見られなかった（たとえば、中国、インド、ベトナムはこの15年間2千ドル程度で推移した）。

以上見たとおり、富裕国と貧困国に対して、同じ方法で生活の質を計測することには十分な注意を要する。

幸福の計測

あらゆる国で使われる一つの一般的尺度は、ふつう幸福と呼ばれる生活満足度である。すべての国と人々の福祉をどのように測るかを議論する際、心理学者と経済学者の多くは、幸福を第一に挙げる。

人々に幸福か、あるいは生活に満足しているかとたずねると、何が起きるだろうか。

2種類の幸福を思い出してほしい：**快楽的幸福**[187]（主観的幸福：苦痛なき楽しみから生じる）とエウダイモニアと呼ばれる**観想的幸福**（生き甲斐ある生活から生じる）である。自分自身の幸せを評価する調査は、快楽的幸福を計測する。その際人々は、喜びあるいは苦しみの短期的な感覚について、かつ自分自身の基準に基づく生活満足度について質問される。

快楽的幸福ないし幸せの尺度として広く使われているものに、「キャントリルの階梯[訳注23]」があり、これはギャラップ社が１５０ヵ国以上について毎年調査している。調査では、最低の段階（0、考えうる最悪の生活）から最高段階（10、考えうる最良の生活）のうち、人々がその時点でどの段階にいると感じるかを回答する。

この幸福の尺度が、人間の厚生を定義付ける物指しになるのがよいだろうか。

この問いに対して簡単には答えられない。というのは、キャントリルの階梯もここで吟味する他の尺度と同様、完全とはいえないからだ。日々の食事、水、住まい、保健医療、教育にも事欠く極貧国の人々に、幸福についてたずねても、彼らの福祉に関して意味のある情報が得られるとは考えられない。貧しい人々は、与えられた機会を利用して最善を尽くしていている。たとえ彼らの機会が、人種、性別、性的指向、家庭環境、あるいは彼らが生まれた国によって制約されていようともだ。これらの人たちにとっては、彼らの消費量と潜在能力（将来性）を客観的に測る方が、ずっと大きな意味を持つ。二人の研究者が注目したように、福祉を測るということは「惨めな人にとっては将来性を、満たされた人には幸福[188・訳注24]」を測るということである。

幸福度のキャントリルの階梯は、人々が実際にどのように生活をし、お互い配慮しあっているかを示せないため、仏教経済学の観点から十分とはいえない。人々が、生き甲斐のある喜びに満ちた生活を送っているかについて、よりよく知ろうとすれば、単に彼らがどのように感じているかではなく、どのように行動しているかを知る必要がある。結局のところ仏教は、不平ではなく感謝に満ちた人生の良い側面を見なさいと教える。

ほとんどの人々に基本財が行き渡っている非貧困国では、人々が生活にどの程度満足しているかをたずねることは、幸福の主観的尺度を提供するが、しかしその尺度は文化に影響される[189]。たとえば日本では、自分が他人より優れていると誇示すると、人は眉をひそめるが（「出る杭は打たれる」）、米国では、自分は並外れて秀でていることを吹聴する風潮がある。

さらに、生活満足度を示すキャントリルの階梯で、ある得点、10点なり6点なり0点をどのように解釈し、6点と7点をどう比較するのかという問題がある。もとより人々は、社会規範に根ざした、自分自身の幸福の基準を使っているのではないだろうか。

しかし、キャントリルの階梯は、時系列的に富裕・貧困国を問わず多くの国のスコアの拡がりを示している。[190] ２０１３年から２０１５年にかけて１５７ヵ国の幸福度スコア（キャントリルの階梯の平均得点）は、ブルンディの２・９からデンマークの７・５の範囲にある。また、キャントリルの階梯の長所として、一人あたりの所得、社会的支援（困ったときに頼れる人の有無）、健康寿命、社会的な寛容さ（人生における重要な選択の自由度）など重要な変数の推移を見ることができる。

仏教経済学は繁栄の分かち合いを重視することから、幸福が一つの国内で、あるいは国をまたいでどのように分散しているか[191]を知る必要がある。キャントリルの階梯のような幸福度指数では、ある人の幸福度の増加は、他人の幸福度の減少によるものではないため、すべての人が同じスコアを報告することができる。私たちが以前に見た不平等の尺度、ジニ係数は、完全な平等（ジニ係数０）は全員が同じ得点を意味することから、あまり意味がない。ジニ係数での平等は、全員が非常に幸福（10）、あるいはひどく不幸（０）、まあまあ幸せ（５）のいずれでもありうる。２０１０年から２０１２年にかけて、幸福のジニ係数は０・15から０・23の範囲にあり、可処分所得のジニ係数（第５章第２図参照）よりも平等である。

非貧困国において、人々の自己申告による幸福度スコアは類似しており、所得や健康状態のような客観的尺度より不平等の度合いが少ないことが観察される。これは、人々には適応力があり、人生で自分が置かれた状況において、最善を尽くすべく学習することによる。

たとえば、ＯＥＣＤ諸国の平均幸福度スコアと一人あたり平均所得を比べてみよう。ＯＥＣＤに加盟する先進34ヵ国のほとんどは、生活満足度の平均点が6・5から7・5である。[192] 一人あたりの平均所得はもっと大きく分散しており、[193] ２０１４年には9ヵ国が中位（一人あたりＧＤＰ3万ドル～4万ドル）、14ヵ国が上位（4万ドル～8万5千ドル）、11ヵ国が下位（1万6千ドル～3万ドル）に位置していた。各国は、平均所得よりも平均的な幸福度において、ずっと平等といえる。

　福祉あるいは幸福の普遍的尺度としてキャントリルの階梯の利用を提唱する学者は、国内の幸福度の不平等を、キャントリルの階梯スコアの統計的変動（標準偏差）で計測した。それによると、幸福度の不平等は生活環境によって国ごとに異なり、[194] 一国の幸福度の不平等は、平均的な幸福度に負の影響を与えることが判明した。

　仏教経済学はまた、すべての人を幸せにし、苦しみを減らすことを重視する。幸福の分布は、最も幸福でない人々の幸福度スコア（下位10％）と最も幸福な人々のスコア（上位10％）の比較により測ることができる。[195] 比率（下位10％スコア÷上位10％スコア）が大きいほど、すべての人の幸福は平等である。第4図は、20ヵ国での幸福の不平等を示している。典型的には、下位10パーセントの人々の幸福度スコアは、上位10パーセントのおよそ半分である。デンマークとオランダの2ヵ国は、幸福がかなり等しく分散している点で際立っている――最も幸福でない人たちのスコアは、最も幸福な人たちの60パーセントだけ幸福であると示している。中国は、幸福が最も不平等で、最も幸福でない人たちのスコアは、最も幸福な人たちの25パーセントしか幸福でない。ここで教えられることは、国々の平均的幸福度は似ているように見えても、幸福が人口にどのように分散しているかの面では異なるということだ。しかし、どのような切り口をとろうとも、所得に比べて幸福は、

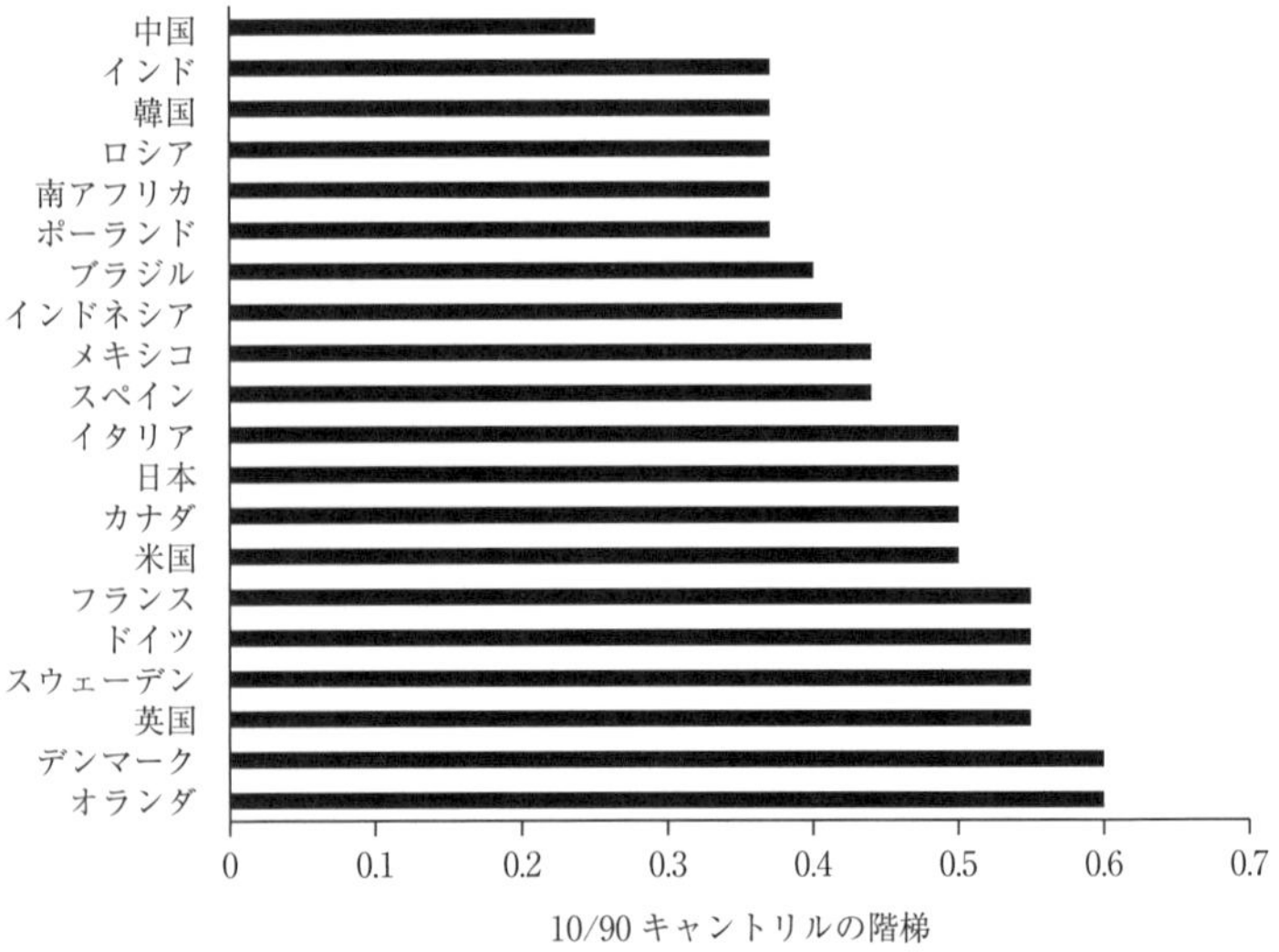

第４図　幸福の不平等、2010 年。10/90 キャントリルの階梯は、最も満足していない人のスコア（下位 10%）を最も満足している人のスコア（90%超の上位 10%）で除したもの。

出所：http://www.economist.com/blogs/dailychart/2011/10/inequality-and-happiness. から計算。

はるかに平等に分散しているように思われる。

経済学者は、人々がより幸せになっているか否かを知るために、一国の幸福度スコアが時とともにどのように変化するかも見ている。[196] 幸福度スコアはゆっくりとしか変化しない。自然災害や戦争のような危機の時期は、国民の幸福度を一時的に下げるが、しかしその後は以前の水準に戻る傾向がある。

エウダイモニア的幸福（観想的幸福）を幸せの物指しとして使ってみてはどうか、と思われるかもしれないが、この手法も、他の幸福の尺度と同じ問題にぶつかってしまう。エウダイモニア的幸福論者ですら、どのように測るかは確信が持てていない。ある調査は、人生に目的あるいは意味があるか、あるいは日頃の活動に価値があると思うか、と人々にたずねる。[197] エウダイモニア的幸福には有意義な社会関係が含まれることに、ほとんど異議を唱える人はいないことから、調査では、対象者の社会的関係が人の支えになっており、やりがいがあるかをたずねる。仏教経済学は、他人を助け、苦しみから解放することを強調するため、「有意義な生活」の調査を拡充する一つの方法は、人が他人の幸せや福祉に積極的に貢献しているかをたずねることである。しかし、ここでもまた社会的価値観が回答に影響する。「有意義な生活」という考え方が、他者とのつながりを模索する人に対する自慢のように思われ、彼らの自尊心を傷つけるかもしれない。

幸福をどのように測り、解釈するかを考えるなかで、次のような疑問が生じる。すなわち、経済実績の私たちの尺度が、政策評価に使えるかである。私たちが利用する幸福の計測単位は、生態系の破壊を防ぎ、富裕国から貧困国に繁栄を拡げるために必要な、経済システムの劇的な変化を評価できる尺度であらねばならない。キャントリルの階梯のような現在の幸福度調査は、日常の生活を再構築し転換させようと試みる政策のもとで、人々が生活をどのように感じるようになるかの予測には、役立たないだろう。自然を愛し買い物を嫌う人たちの幸福度は大きく高まるかもしれないが、他方、多目的スポーツ車や世界中を飛び回ることが好きな人にとっては、正反対に違いない。新たな政策とともに幸福度は下がるかもしれないが、しかし新政策の実施後しばらくすれば、幸福度はもとの水準に回復することだけは確かである。

持続可能性を織り込む

キャントリルの階梯は、持続可能性の問題を無視している。この隙間を埋めるのが地球幸福度指数（HPI）である。[198] HPIは、ある国の幸福な生活年数（Happy Life Years: 不平等調整後のキャントリルの階梯スコアに、不平等調整後の平均寿命を乗じた数値）を、エコロジカル・フットプリント（ある国の一定期間の消費を再生するために必要な、一人あたりの土地面積）で除した数値である。この指数は、ある国の幸福度、健康、持続可能性と不平等を示す単一の尺度であるが、所得は考慮しない。HPI2016年版は、44・7のコスタリカを筆頭に最下位12・8のチャドまで、140ヵ国を格付けしている。しかし、すべての得点は低く、地球は幸せではないことを語っている[199]――現状の経済活動は持続可能ではないということだ。

地球幸福度指数は、豊かな国々が贅沢な生活スタイルを維持するために、地球の資源を濫用していることを示す。富裕国は、途方もない環境コストを払って、国民大多数の長い幸せな人生を産み出している。[200] 持続可能性と両立するエコロジカル・フットプリント1・73に対し、富裕国のフットプリントは、その3倍から5倍である。高所得18ヵ国（一人あたり年間所得4万ドル以上）は平均寿命と幸福度で高得点を得ているが、エコロジカル・フットプリント5・0未満は英国だけである――それでも持続可能な水準からほど遠い。米国は、フットプリントが8・2（4位）と高いため、HPI20・7は140ヵ国中の108位の低さである（訳注：日本のHPIは28・3[訳注25]（58位）、エコロジカル・フットプリント5・0）。米国は、国民一人あたり8グローバル・ヘクタール以上を必要とし、持続可能な水準の約5倍に相当する。

比較的貧しい国々のエコロジカル・フットプリントはずっと低いが、寿命と幸福度スコアも低位である。持続可能なフットプリント（１・７未満）を実現しているのは46ヵ国に過ぎない。そのうち半数は、所得が極端に低く（一人あたり年間所得1千ドル）、３千ドルを超えるのは５ヵ国だけである。これらの持続可能な経済システムは、平均寿命と幸福度について、大きな違いをもたらしており、幸福な生活年数はトーゴの９・０からベトナム32・８までばらつきがある。

インドと中国のＨＰＩを比較すると、持続可能な経済システムにおいて生活水準を改善する困難さが浮き彫りになる。インドのＨＰＩは29・５（50位）で、これは短い平均寿命（51・１、１００位）と低い幸福度スコア（４・２、１００位）を反映するとともに、両項目は高い不平等によって下方調整される一方、持続可能なフットプリントの低さ（１・２）によって上方修正されている。中国のＨＰＩ（25・７、72位）はインドのＨＰＩよりさらに低い。これは、中国の比較的高位の平均寿命（68・６、48位）と幸福度スコア（４・６、74位）が、中位の不平等で下方修正され、さらに３・４の持続不可能なフットプリントによって減点されるからである。中国もインドも多くの極貧の人たちを抱え、インドの約4億人、中国の１・５億人の人々は、食料、清潔な水、住居はもちろん、さらに教育とまともな仕事を必要としている。[201] インドと中国が、化石燃料に依存しない開発ができるよう、私たちが支援しない限り、両国のＨＰＩスコアは、フットプリントの増加とともに減少するだろう。

地球幸福度指数は、持続可能性、幸福、健康と不平等を組み込んでいるが、生き甲斐のある人生を創りだす日常活動は考慮しない。したがって、仏教経済学において福祉をどのように測るかという課題は、なお残されたままである。

そこで、より広範な尺度である「真の進歩指標」[202]（ＧＰＩ）と「より良い暮らし指標」（ＢＬＩ）の２つを検討することにしよう。両者ともに生活の質（ＱＯＬ）を計測する。

「真の進歩指標」と「より良い暮らし指標」

先進国における生活の質（ＱＯＬ）の尺度は、私たちが大切にする生活のすべての側面を含まなければならない：健康、家族と地域社会、知識と技術、仕事、個人としての人間開発、人助け、政治参加、安全、それに生態系である。この目的のため、真の進歩指標（ＧＰＩ）は単一の価値尺度を用い、より良い暮らし指標（ＢＬＩ）は指標のデータ一覧表（ダッシュボード）を採用している。ＧＰＩは、消費、家事、政治参加、環境保全のように、私たちが大切にする事柄に価格をつける。ＢＬＩは、生活、健康、政府に関する認識について、人々に質問する調査結果を利用する。私たちはどちらの方法を使うべきかを判断する一助とするために、ＧＰＩとＢＬＩはどのように計算し、どのように今日のＱＯＬを表示しているか、詳しく見てみよう。
真の進歩指標は、経済的、社会的、環境面での福祉を一つの数値で測るために、26個の指標を組み合わせる。国ごとのＧＰＩは、多くの国で推計されており、17ヵ国について１９５０年から２００３年までの一貫したＧＰＩ推計値がある。[203]
ＧＰＩはまず、市場の個人消費を出発点として、不平等を調整する。続いて非市場活動、公共財・サービスを加え、環境劣化の価値を差し引く。ＧＰＩは、24を超える変数から次の方法により計算される[訳注26]。

所得不平等調整後（ジニ係数を使用）の個人消費

加算項目：非市場労働の価値（例：育児や家事）、余暇の価値（失業を調整）とボランティア活動の価値、公共財（例：健康保健、教育、道路と公園）

減算項目：防御的支出（例：犯罪、通勤コストなどＱＯＬを損なう項目）、環境破壊による損失（自然資本の減耗、CO_2排出、水質汚濁を含む）

私たちの経済が、市場の財・サービスを**すべての**家庭にどの程度供給しているかを表すために、ＧＰＩは、消費を所得不平等で調整（ジニ係数を使用）することにより、不平等を直接織り込んでいる。消費を不平等で調整すれば、ＧＰＩは、不平等が拡がると減少し、よってＧＰＩは経済実績の悪化を指し示す。たとえば、ＧＰＩを不平等で調整しなければ、米国のＧＰＩは、１９８０年から２００４年まで一人あたりの所得（ＧＤＰ）増加に伴い、若干の増減の振れを伴いつつも安定的に増加した。しかし、所得の不平等が拡大するにつれ、家庭の消費は所得増加についていけず、ＧＰＩの伸びはＧＤＰを下回った。

ある国が、再生不能な資源を大量消費し、温室効果ガスを排出すれば、これもまたＧＰＩを減らす。すべての工業国でＧＰＩは、環境面での負の影響により、ＧＤＰより減っている。環境要因に値段をつけることは、生活の質を測るうえで挑戦的な課題である。人間活動が生態系に与える影響の評価方法は、地球の生態系が限界値に近いときには、（第4章で見たとおり）一筋縄ではいかない。現在のところ、ＧＰＩが自然資本に関して適用する価格は、自然資本を自由に利用できるとの前提に立つ（弱い持続可能性の立場）。他方、多くの天然資源の危機的水準を護ろうとすれば（強い持続可能性の立場）、限界に達した資源の実際の価格は、無限大になる。私たちの危機的な生態系が、崩壊までどれだけの損害に耐えられるかにつき、専門家の間で合意はない。しかし、私たちはＧＰＩの計算に、エコロジカル・フットプリントを使うなどして、強い持続可能性の立場を織り込む方法を考えなくてはならない。少なくとも、危機的な生態系が脅かされたとき、赤信号が灯るようにできるはずだ。

真の進歩指標は、時とともに生活の質がどのように上下するか、特に消費と非市場性活動、平等および持続可能性の変化について教えてくれる。ＧＰＩは、不平等の是正、地球温暖化の緩和、天然資源の減耗阻止、労働時間の削減を目指す政策の評価に特に有効である。政策がもたらす改善は、1年か2年では明らかでないかもしれないが、影響の度合いは、ＧＰＩでシミュレートすることで、10年後以降に何が起こりうるかにつき知ることができる。

しかし、もし私たちが人権、社会的支援システム、他者への思いやりを重視するならば、どうしたら良いだろうか。ＧＰＩは、余暇の時間、ボランティア活動や健康保健への支出を含み、また犯罪や通勤時間を差し引く。しかしそれでも、仏教経済学にとって欠かせない、生活におけるその他の非経済的側面をとりこぼしている。

ここで別のアプローチとして、統計ダッシュボード（データ一覧表）の手法を見てみよう。ＯＥ

ＣＤの「より良い暮らし指標」[204]（ＢＬＩ）は、各国の生活の質を比較するために、11個の指標の相対的な順位を計算する――所得、雇用、地域社会、教育、住居、環境、ガバナンス、健康、生活の満足度、安全およびワーク・ライフ・バランス（仕事と生活の調和）である。この方法によって、私たちにとって重要な、生活の非市場の側面を評価することができる。短所といえば、一国の福祉が改善しているか否かに関しては、多くの指標を前にそれらを優先付けして、指標一つひとつ吟味しつつ、自分で判断しなければならないことである。ある国の生活の質が、年ごとに改善しているかの評価には、ＢＬＩは使えない。

「より良い暮らし指標」の11指標は、24の変数に基づいており、それらは客観的な調査測定値（教育や失業など）と主観的尺度（生活の満足度や水質に関する人々の意見など）の双方を含む。ＢＬＩは、ＯＥＣＤ加盟34ヵ国の順位を示す11項目の指標としてのみ発表されており、一つの数値にまとめられてはいない[205]。不平等（ジニ係数）は、補足的指標として示されており、ＢＬＩ指標には含まれない。

第5図は、いまではお馴染みの2項目――所得と生活の満足度――のＢＬＩ指標を示している。これらの工業国では所得と満足度があまり関連していないことが目立つ。良い知らせは、12ヵ国（北欧、北米、オーストラリア、ニュージーランド）が相対的に高い満足度（0・8～1・0）を示し、満足度が低い（0・2より大幅に低位）のはギリシャ、ハンガリー、トルコの3ヵ国だけだったことだ。悪い知らせは、米国が非常に高い相対所得（0・8超）を得ているのに対し、東欧と南米の10ヵ国が低い相対所得（0・2未満）なことである。[訳注27]

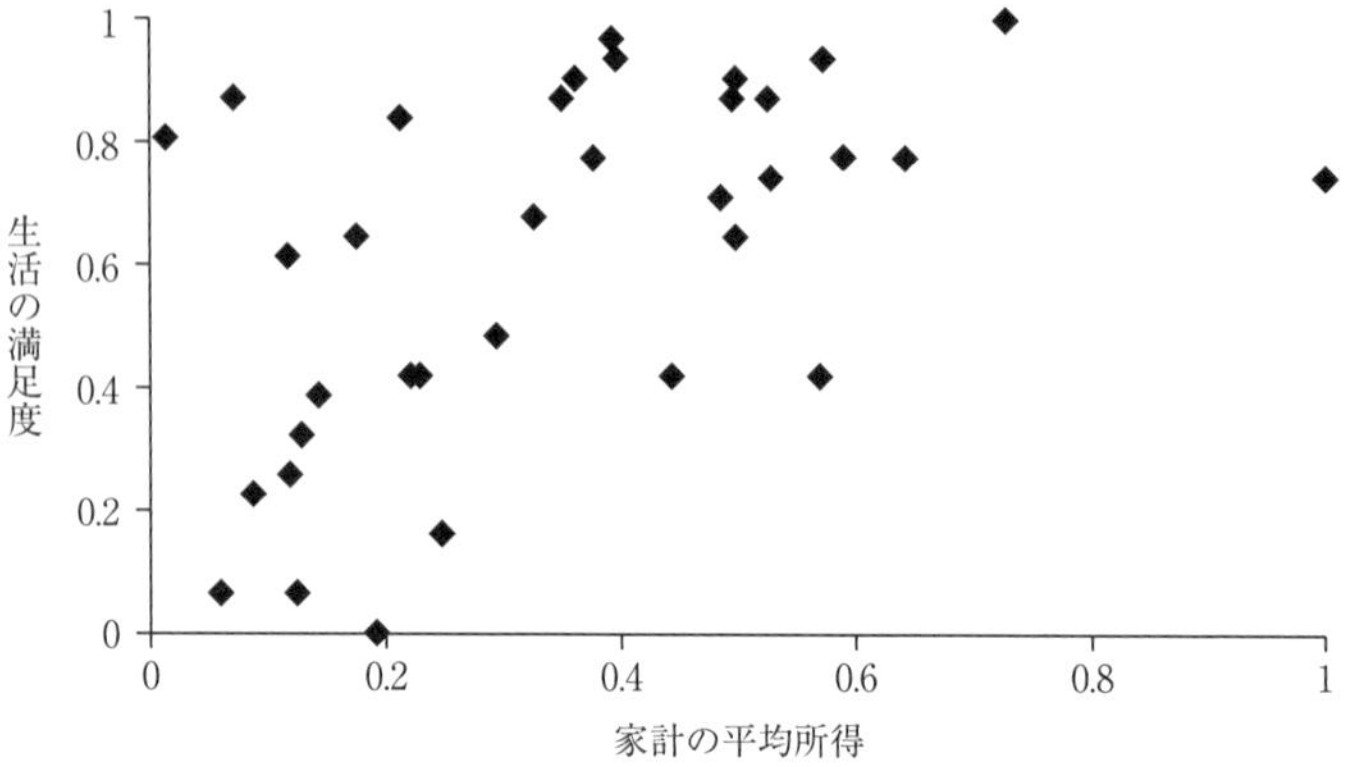

第５図　OECD諸国の生活の満足度と所得指標、2014年。生活の満足度はキャントリルの階梯、家計の平均所得は可処分所得（税および所得移転後）とネット金融資産を総合したもの。両方の指標は、国の相対的順位を示すために０から１の間に調整してある。

出所：http://www.oecdbetterlifeindex.org/. OECD Better Life Index から計算。

ＢＬＩと類似のデータを利用する統計ダッシュボードのもう一つの事例は、英国の「全国福祉測定調査」[206]である。このダッシュボードは、ＯＥＣＤダッシュボードのように変数を相対的順位に変換しないため、英国（あるいは地域）において、一つの指標が時間を経るにつれ、どう変遷するかを示している。全国福祉測定調査は、時系列的に41の変数を追跡する10項目の指標で構成される。ここで私たちは、生活の質を測るために、41の変数をどのように理解し、優先順位をつけるべきか考え込んでしまう。「個人の福祉」の指標でも、５つの幸福の尺度がある[訳注28]。ある国の福祉水準を知るために、人々が、キャントリルの階梯のような、単一の主観的尺度に頼ろうとするのは不思議ではない。

さらに、国連の持続可能な開発目標（ＳＤＧｓ）をどの程度満たしているか、１４７ヵ国につき国ごとに評価するために、計測システムが現在計画されている。[207] ジェフリー・サックスが指導するこのプロジェクトは、17の開発目標のデータ一覧表（ダッシュボード）を表示し、それを国ごとに単一の値にまとめるものである。ＳＤＧｓインデックス&ダッシュボードは、仏教経済システムの中で各国がどの程度生活の質を向上させているか、その評価方法として有望と考える[訳注29]。

不幸なことに、すべての指標から戦争と暴力が都合よく取り除かれている。戦争は、人々を殺傷し、環境を脅かす。戦争は、人々の家や街を破壊し、安全に生きる場所を懸命に探し求める避難民の群れを生みだす。しかし、戦争による環境の悪化は、温室効果ガス排出の測定に含まれておらず、個人の福祉に関するどのようなドルの数値も、戦争と暴力が引き起こす損害と苦悩を、適切に捉えることはできない。

結論

どのように経済実績を測るかを検討するにあたって、私たちの目標は、生活の質（ＱＯＬ）とともに持続可能性、繁栄の分かち合いを測る方法を見つけることである。完全な尺度はありえない。その代わり、貧しい国あるいは豊かな国における生活の質を評価し、あるいは、基本的な消費、健康、教育、人権や社会ネットワークのような、福祉の特定の側面を評価するうえで、有用な尺度をいくつも持っている。経済実績を包摂的に測る手段として、多くの代替指標が互いに競合する一方、ＧＤＰが、福祉を評価するために世界中で使われ続けている。

仏教経済学はＧＤＰを乗り越えて、世界中でもっと有意義かつ持続可能な生活が実現できるよう、人々と各国の手助けとなる別の物指しを使いたいと願っている。このため私たちは、時系列的な、そして国をまたぐ経済実績の尺度として、ＧＤＰの代替となる、たとえばＧＰＩ（真の進歩指標）のような単一の価値尺度を使う必要がある。政府の指導者や中央銀行は、財政政策や金融政策を運営するために、単一の尺度が必要である。メディアは、視聴者に経済の動きを知ってもらうため、毎月単一の数値を報告する必要がある。

　ＧＰＩのようなドルの単一尺度は、意義ある生活のすべての側面を——人権、自由、良いガバナンス、あるいは幸福すら——含みえないことを、私たちは理解している。ＧＰＩはまた、市場での消費水準が非常に低い貧困国では、適切な福祉の指標ではない。これらの理由により、ＧＰＩは他の指標で補足する必要がある。発展途上国においては、この「真の進歩指標」をＨＤＩ（人間開発指数）で補うことを勧めたい。幸福を含め、特定の非市場性の目標を評価するためには、「より良い暮らし指標」（ＢＬＩ）や「ＳＤＧｓインデックス」のようなダッシュボードを利用することができる。ＧＰＩと特定の尺度を併用すれば、政治家などが提唱する政策を評価することができる。

　私たちの生存には環境保護が不可欠であり、地球の重要な生態系がどの程度脅かされているかも、追跡しなければならない。たとえば、ある国のエコロジカル・フットプリントを見れば、資源の利用状況が持続可能か否か判明するし、地球が特定の生態系の限界値に近づいているときには、国連が警戒の赤信号を振って、すべての国がとるべき緊急行動を監視することができる。

　各国が、生活の質として経済実績を計測するために、同じ単一の価値尺度を設定・使用することに合意すれば、それぞれの国が、自国にとって重要な目標を評価するうえで、どの統計ダッシュボードを利用するかは、個別に決定すればよい。

世界中の国々が、包摂的な経済実績の尺度と、特定の社会的、政治的目標に合う指標を使うようになれば、私たちを仏教経済に導くために必要な測定基準が整うことになる。

いまや、より持続可能で、より豊かな未来を創造する道筋を明らかにするときである。仏教経済に向かって跳躍することとしよう。

第7章　仏教経済学への跳躍

この数十年、貪欲、搾取と過剰消費の力は、私たちの経済を飲み込んでしまったようだ。物質的な社会は、今日の弱肉強食の世界で、生き残るために搾取し競争する、それ以外の選択肢を奪ってしまった。しかし同時にこれらの力は、明らかに私たちの社会を傷つけ、環境を荒廃させている。

――パユットー、『仏教経済学』

私たちの物質的で浪費的な炭素依存グローバル経済は、最上層は贅沢な暮らしを楽しみ、最下層は惨めな生活に苦しむ、途方もない不平等を生みだした。飽くことなき経済成長と消費の追求は、環境を破壊し、私たちの共通の家である地球を病めるものにした。

仏教経済学へどのように移行するかにつき、対話を始めるときである。地球にとっても、私たちにとっても、もはや時間がない。

仏教経済学は、すべての人に生き甲斐のある人生をもたらす、持続可能な経済をどのように作り上げるか、私たちを導いてくれる。この章は、国と個人がこの崇高な目標を達成するためにとりうる道筋を概略する。地球温暖化を緩和し、人々と大自然の地球規模の厚生を劇的に改善するために、個人、地域社会、国そしてグローバル・レベルで、私たちはともに多彩な活動に携わることができる。

人の繁栄と地球の安定は両立する。低炭素経済への移行は、実現できるし経済的にも可能なうえ、大きな経済的、健康上の恩恵をもたらすだろう。

地球温暖化を緩和し、グローバルな繁栄を分かち合うには、政治行動、経済の力と科学技術を使わねばならないが、その無数の方法を理解するために、世界を仏教経済学に転換する重要な8つの手順を見ることとしよう。8つの手順は「最善」ではないとか、詳細が正確ではないとか（事実、一部間違いがあるかもしれない）、読者の批判が聞こえてきそうだ。肝心な点は、完璧な道筋をいま決めるのではない。しかし、地球とその生命を人間の破壊から救い、人と人が心豊かに、互いにそして地球を思いやりつつ、幸せに生きるために、どのように仏教経済に移行するかについて、対話を始めることである。

8つの手順は、仏教の八正道を反映するものではない。国、企業と人々が、健やかな地球上で生き甲斐のある人生を送るために、何をなしうるかについてガイドラインを提供しようとするものである。

8つの手順は次のとおりである。最初の4つは国がなすべきこと、次の2つは企業が、最後の2

つは私たち一人ひとりがなすべきことである。

1. 課税し所得を移転する
2. 持続可能な農業
3. 計測して変革する
4. 平和と繁栄
5. エコ生産とエコ製品
6. 生活賃金とバランスのとれた生活
7. 愛情、思いやり、知恵とともに、心満たされて生きる
8. 力を合わせて行動を

1. 課税し所得を移転する

しっかりと構築された市場は、仏教経済学の重要な一部である。自由市場なるものは存在せず、規制のない市場は、それを支配する少数のビジネスにとっては別として、受け容れ難い結果をもたらす。過去40年にわたり企業と富裕層は、権力と富を維持するために、市場のルールを作ってきた。いまや政府は、すべての人の利益になる持続可能なグローバル経済を築くべく、新たな規則と税制で市場を再構築しなければならない。人々と企業が、生態系を大切にし、資源を公正に配分するような意思決定をする——そういうインセンティブを与える市場が必要である。[208]

政府の「税と所得移転」における役割は、私たちの目標実現に必要な市場と経済活動を構築するための、あらゆる政府の行動を含んでいる。これは、仏教経済学へ跳躍するうえで、最大かつ最も複雑な手順である。この手順は、世界の国々が、地球温暖化と不平等という喫緊の課題に取り組むうえで、とりうる4つの行動を含む。すなわち(a)炭素と消費に課税し規制すること、(b)国内で繁栄を分かち合うこと、(c)埋蔵化石燃料を地中に残すこと、(d)世界の繁栄のために環境保全技術を分かち合うこと、である。

変革を起こすに際して政府が指導的役割を演じるためには、国民が、政府は正直かつ最善の国益のために機能している、と信頼することが不可欠である。政府指導者は、カネのかかる選挙運動で献金をした、企業家や金融界の大物と癒着してはならない。また、間近に迫る気候危機に取り組む際に、政府と中央銀行は、今後数十年を見据える政策を策定する用意が必要である。短期の景気動向や選挙の時期などに目を奪われてはならない。[209]

炭素と消費を課税・規制する

地球温暖化と所得の不平等に対して戦う手法として、炭素と消費への課税から始めよう。地球温暖化は、豊かな人たちよりも貧しい人々と貧困国を傷つけることによって、不平等を激化している。今日では国内・世界を問わず、経済的公正と環境面の公正は表裏一体である。

炭素税は、現在と将来のCO_2排出による被害を、化石燃料の市場価格に反映させる。自由市場経済学者あるいは仏教経済学者を問わず、脱炭素社会への移行を加速させるには、炭素税が必要と[210]

いう点で概ね一致している。約40ヵ国と20以上の州・地方自治体が炭素公害のなんらかの価格付けに踏み切っており、ＩＭＦと世界銀行は、炭素税を導入するよう各国に働きかけている。それにもかかわらず、化石燃料会社はいまでも莫大な金額の政府補助を受けており、その結果、化石燃料の価格、探査・採掘コストは低く抑えられ、税引き後利益は増やされている。

　補助金をマイナス課税として考えるがよい。社会が石油会社のコストを補助する「税」を払うことになる。この場合、社会が払う税は、公害と生態系の悪化である。各国は、税優遇措置などで、化石燃料会社に対して直接的な補助金すら提供している。このため２００９年ＯＥＣＤ加盟国は、化石燃料補助金を段階的に減らすことに合意した[211]。ＯＥＣＤは、進捗状況を追跡しているが、そのペースは遅々としている。２０１４年には約40ヵ国が、１６００億ドルの化石燃料に対する補助金を支払った。

　ＩＭＦの推計によると、すべての国の直接的な化石燃料補助金は、２０１５年３３３０億ドルであった[212]。しかし、ここに真に衝撃的な数字がある。環境への損害、健康問題、その他の社会的コストを含めると、補助金の合計は5・3兆ドル、あるいは２０１５年の世界生産額の6・5パーセントに達した。アジアの途上国では、コストのほとんどは、石炭とディーゼルに起因する地域的な大気汚染であり、気候変動からくるものは4分の1に過ぎない。これら諸国の生活の質、特に人々の健康は、石炭の使用を止めることで大幅に改善するだろう。

　これまで石油とガソリンの値段はいつも変動が大きく、このことが国と消費者の計画を妨げてきた。石油とガソリン価格を安定させるため、政府は石油とガソリン価格と逆に動くように炭素税を課し、化石燃料の値段を引き上げることができる。これにより価格は、社会的コストを含めて高めに、そして経済計画が立てやすいよう安定的に保たれる。

不幸なことに、炭素課税から得られる収入をどのように使うか――「税と所得移転」の「所得移転」部分――に関しては議論が大きく分かれている。仏教経済学のアプローチでは、収入は国内と世界の困った人たちのために使う。炭素税によって政府は、燃料費の高騰分を賄うため国民に払い戻すか、あるいはさらに良い案として、エネルギーの節約をした人たちに報奨金の形で還元できるだろう。アラスカ州はすでに実施している。

包括的な仕組みとしては、実業家であり作家のピーター・バーンズが提唱する「排出権配当制度」[213・訳注30]が挙げられる。このプログラムは、公的な財からの広範な所得に課税し――CO_2排出、証券取引、知的財産権保護、周波数帯使用への税・手数料など――、そこからの収入を全ての人に分配するものである。この仕組みから、米国のすべての大人と子どもに5千ドルの配当金が生みだされ、[214]炭素税だけでも一人あたり1千ドルになると、バーンズは試算する。地球と人類にとってウインウインではないか。

ドイツ、フランス、米国などでは、規制によってCO_2排出量の削減に成功した。規制は、炭素税を補完する重要な政策手段であるとともに、単独でも有効である。産業の温室効果ガス排出規制、自動車の燃費基準、水質汚濁防止規制は、大気と水の浄化をもたらし、企業全般の環境行動改善につながった。ある全米調査によれば、１９９０年から２００８年の間に、工業生産高は大きく増加したにもかかわらず、規制対象となった米国製造業からの大気汚染物質排出は、60パーセント減少した。観測された大気汚染物質の減少は、大部分この間の厳格化された環境規制の結果である。[215]他方、消費税、特に贅沢品への課税は、不平等を減らすことができる。買い手が避けることができない消費税は、必ずしも累進的に設計されてはいないにせよ、アジアと欧州の多くの国で採用されている。高額所得者の所得と資産、そして贅沢品購入に対する累進課税は、低所得家庭への所得移転に充当することができる。

炭素と消費に課税することにより政府は、企業が再生可能エネルギーへの投資・利用を広げ、人々が自己顕示的で地球を損なう生活スタイルを改めるような、インセンティブを与えることができる。税と所得移転の政策は、最下層の人々の苦しみを減らし、最上層の孤独を和らげることで、繁栄の分かち合いを実現する。

国内で繁栄を分かち合う

富裕国は、より平等な所得配分を実現するために、いくつか課税と所得移転の選択肢を有する。そのための計画は、広範で充実していなければならない。著名な経済学者が推奨する所得再配分の方式を挙げてみよう。(i)すべての人に安全網を提供する最低限所得補償：この政策は、米国の保守とリベラル双方から提唱され、かつ批判されてきた長い歴史を持つ。今日では、私の同僚で人気のあるロバート・ライシュ教授が、特許料から最低限所得を大人に支払う仕組みを主唱している。[216](ii)成人給付金制度[217]：若者が成人に達したとき、自分の教育資金あるいは将来への投資にあてるために、(金持ちの子女が大金を得るのと同様)一時金を給付し、機会を与える。(iii)従業員経営参加と利益分与制度：長い歴史がある政策で、現在はハーバード大学の経済学者リチャード・フリーマン教授が提唱する。会社の資本収益の一部を従業員が受け取る仕組みで、それにより会社は、従業員の忠誠心と生産性の向上——従業員と会社にとってウインウインの関係——を享受できる。[218]

しかし、各国が国内で繁栄を分かち合う道を見出しても、もし地球が過熱してしまえば、分かち合うべき繁栄が存在しうるだろうか。

地中に残そう

環境活動家は、化石燃料を地中に残すよう人々に啓蒙するため、「地中に残そう」[219]と声をそろえる。地球温暖化2℃以下の目標を守るには、現在の石炭埋蔵量の80パーセント以上、天然ガス埋蔵量の半分、石油埋蔵量の3分の1を地中に残さなければならない。しかし米国は、フラッキング技術——石油と天然ガス採掘に使われる、水圧破砕法と水平掘削法の複合技術——によって、化石燃料埋蔵量を劇的に増やした。フラッキングの良い面は、米国のエネルギー中東依存度が大幅に下がったこと、消費者のガソリン代と家庭用光熱費が安くなったこと、化石燃料会社の利益が減ったこと、および段階的な石炭火力発電離れのコストが安くなり、実行可能性が高まったことである。悪い面は、フラッキングによって採掘可能になった「新たな」埋蔵量は、開発すれば地球の過熱につながることである。米国の残存する化石燃料埋蔵量の半分は国有地にあることから、国有地の化石燃料採掘を違法化すれば、米国は、「地中に残そう」運動を率先することができる。

天然ガスは、石炭から再生可能エネルギーへの橋渡しとなる「クリーンな」化石燃料だから、その使用を増やすべきとの天然ガス業界の言い分に惑わされてはならない。ほとんどの人は、天然ガスは大部分メタン（CH_4）、すなわち温暖化ガスそのものであることを知らない。天然ガスは、坑口装置、パイプラインやフラッキングの過程での多くの漏れがあり、決してクリーンなエネルギーでは**ない**。天然ガスの掘削と搬送は、目に見えない大量のメタンガスの大気漏洩をひき起こした。ほとんどのメタン漏洩は計測されておらず、温室効果ガス放出に含まれていない。[訳注31]

炭素税の実施は、正しい価格インセンティブを与えるために重要である。しかし脱炭素経済には、さらに３つの分野での直接行動が必要である。

・クリーン電気生産のため化石燃料を再生可能エネルギーで代替する。
・車の動力源および光熱源としてクリーン電気を使用する。
・工業、建物、機械および運送システムのエネルギー効率を上げ、浪費を減らす。

これらの目標実現には、政府が公共インフラに大規模投資を行い、再生可能エネルギーを補助する必要がある。

ＣＯＰ21（パリ会議）でほとんどの工業国は、いわゆる80／50目標――温室効果ガス放出を２０５０年までに、少なくとも１９９０年水準から80パーセント減らす――に賛同した。80／50目標の達成は既存技術で可能であり、コストは比較的安く、米国にとってＧＤＰの１パーセントに過ぎない。しかし、今日ほとんどの国で80／50目標ですら達成の見込みは立っておらず、米国では２０１

２年から14年にかけて、化石燃料の使用と炭素放出が実際に増加している。

富裕国は、脱炭素経済の実現を先導しなければならない。いまのところ欧州諸国が米国よりも積極的である。ドイツは、原子力なしのほぼ全面的な再生可能エネルギー移行を２０５０年までに実現すること（１００／50目標）を目指し、先頭を走っている。ドイツの会社と住民にとって電力料金は若干値上がりとなるが、緑のエネルギーへの移行は、大規模なインフラ投資によって経済成長に貢献する。ドイツの緑のエネルギー転換[220]（Energiewende）は、２０１２年から30年にかけて毎年ＧＤＰを１パーセント引き上げ、雇用を創出すると推計される。

地球温暖化を２℃目標以下に抑えるためには、世界中の炭素放出の80パーセント削減を、２０５０年ではなく２０３０年までに達成しなければならないと、今日では気候学者は考えている。富裕国は、できるだけ早く排出量ゼロの実現に努めなければならない。これは極端に聞こえるかもしれないが、２０５０年までの１００パーセント再生可能エネルギー実現は、既存技術を使って、妥当な社会的コストで可能であるとの研究成果が発表されている。スタンフォード大学のＷＷＳロードマップ（風水光エネルギー工程表）[221]によれば、１３９ヵ国が２０３０年までに80〜85パーセント、２０５０年までに１００パーセント風水光エネルギーへの転換を実現できるという。同様にやや控えめな形で、国連が支援する国際協調イニシアティブＤＤＰＰ（大幅な炭素削減経路を探る計画）[222]は、米国、中国、インド、日本、ドイツなど世界の主要16経済で、どのように上限２℃が達成できるかを示している。ＤＤＰＰ計画は、現在エネルギーからのCO_2排出量の４分の３を占める16ヵ国が、２０５０年までにどうCO_2排出量を２０１０年対比50パーセント削減できるか（75／50に相当）を示す。ＤＤＰＰの目標は低めで、最も高い目標でも85／50である。途上国、中でも中国は、CO_2の排出を２０２０年まで増やし続け、その後ゆっくりと減らし、２０３０年から本格的に削減する。インドは、２０１０年の低い水準から２０３０年まで漸増させ、その後２０５０年まで横這いで維持する。それでも２０５０年のインドの排出量は中国の半分以下であり、他方、中国の排出量は、残り15ヵ国の合計に匹敵する。ＤＤＰＰ計画は、排出量ゼロに向けての政治的に現実的な出発点といえよう[223]。

やろうと思えばできる！

科学技術は、まず炭素依存型の経済を築くうえで、そして今日、新たな脱炭素経済を築くうえで、重要な役割を演じてきた。化石燃料を正しく値付けすれば、さらなるイノベーションをひき起こし、競争がおおいに力を発揮することだろう。ある技術が広範に普及するに至れば、競争がイノベーションを促進し、価格を引き下げる。光電池を使う太陽光パネルは、いったん市場が成立すれば、いかに価格が下がり、技術が進歩するかの良い見本である。１９７９年から２０１５年の間に、太陽光パネルの価格は、量が倍増するごとに、22パーセント下落した。２０１０年から14年の間に、パネルの価格は20～30パーセント下落した[224]。

今日技術的に最も優先度が高い分野は、より良いエネルギー貯蔵技術の開発である。消費者の段階では、安価で、走行距離が長く、充電時間が短くて軽い、電気自動車用の蓄電池が必要である。自治体の段階では、無風状態で、日照がなく、水力発電機が回らないときのために、電力事業がエネルギーを蓄積する手段が必要である。電気自動車用の蓄電池に関しては、民間部門で急速な進歩を遂げつつあり、政府は、電力事業のエネルギー貯蔵能力を開発、実用化すべく研究している。

残念なことに、CO_2回収貯留技術（ＣＣＳ）のような新技術の研究開発に対する政府補助は、必ずしも期待された結果を生みだしていない。[225] 第４章で述べたとおり、ＣＣＳへの巨額投資は、低価格の化石燃料に比べてコストが高いがために、まだ回収の段階に至らない。過去10年の間、政府はＣＣＳ事業に数十億ドルの資金をつぎ込んだが、火力発電所での利用はコストが嵩み問題が多い。

原子力発電については、過去ロシア、米国、日本での事故のため賛否両論あるが、気候学者の多くは、現在開発中の第４世代原子力発電[226]は、世界的なエネルギー需要を賄ううえで、安全で効率的な手段と考えている。現在、第４世代原子炉の６つのシステムが開発中であり、そのすべてが持続性、経済性および安全面で進歩を遂げている。特に高速炉は、第３世代原子炉から出る使用済みウランを再利用し、核廃棄物を排出せず、核拡散抵抗力（テロリストや問題国による兵器転用純度の核物質盗難リスクが小さいこと）がある。[227] この研究は長期的に貴重なものであるが、他方、原子力発電の重大な欠点は、第４世代原子炉の開発と建設には、仮に建設計画が反対なく通ったとしても、20年から40年を要することである。これは80／30目標を達成するうえで、待つには長すぎるし、特に太陽光、風力、水力からクリーンエネルギーを得る既存技術が確立している現在なおさらである。ただし、中国やインドのような途上国は、数十億の国民が快適な生活をおくるために、より多くのエネルギーを必要としており、２０３０年以降に建設される第４世代原子力発電所は有用である。ＤＤＰＰ計画によれば、２０５０年に両国は７ギガトンものCO_2排出、あるいはＤＤＰＰ16ヵ国全体の70パーセントの排出が予測されている。

世界あまねく繁栄を築くため環境技術を分かち合う

富裕国は、炭素に依存する工業化と成長により、地球温暖化をひき起こした。いまや富裕国は、貧困国が持続可能な成長をとげるよう助けるべきであり、そのための資源と義務を有している。一つの方法は、途上国が持続可能な経済のもとで生活水準を向上させるために、クリーンエネルギー技術を提供することである。豊か貧しいかを問わず各国は、地球温暖化を緩和し、不平等を減らす政策を一体化しなければならない。なぜなら、これら２つの危機は、互いに絡み合っているからである。

人口大国の中国とインドを含む非富裕国は、すべての国民に基本財、健康医療と教育を提供するために、経済成長が必要である。これらの国々はまた、化石燃料技術を飛び越えて、再生可能エネルギーだけを利用できるように、持続可能な経済成長を支える環境技術へのアクセスと資金を必要としている。

この目標達成への第一歩は、途上国が再生可能エネルギーへ移行し、気候変動に対し強靭に適応できるよう、２０２５年まで毎年１千億ドル支援するという約束を、工業国が履行することである。しかし、ＯＥＣＤの報告によると、２０１４年に富裕国は、約束額を大幅に下回る６１８億ドルしか途上国に移転しなかった[228・訳注32]。

中国とインドは、新興国が気象危機にどのように対応するか、異なった事例を示している。中国の急成長は主に石炭に依存しており、耐え難いほどの大気汚染をもたらした。しかし、２０１４年に中国は、石炭の使用拡大に歯止めをかけ、天然ガス、風力、太陽光の利用拡大を約束した。他方、一人あたりＧＤＰが５７０１ドルと中国（１万３２０６ドル）に大きく遅れをとるインドは、安価な石炭中心に化石燃料の使用を急増させている。[229] インドの石炭火力発電所への新規投資[230]は、再生可能エネルギー拡大をはるかに上回っており、いまやインドは世界最悪の大気汚染に悩まされている。

　全般的にＯＥＣＤ諸国においては、化石燃料エネルギーと経済成長は切り離されつつある。しかし、仏教経済学はさらに押し進めて、それらの国々が過剰消費を減らし、人々が互いに助け合いつつ人生を楽しめるよう、働き過ぎを減らすことで、持続可能な生活スタイルを実現することを望む。工業国は、急ぎ脱炭素経済に移行するとともに、個人消費の総量が増えないよう、富裕層から恵まれない人たちに消費を再配分する責務を負っている。そうすれば工業国の経済成長は、新たな脱炭素経済に向けたインフラ建設への支出が原動力となるだろう。

　貧しい国々の生活水準を向上させるには、欧州19ヵ国と日本ですでに実現しているように、人口増加をゼロないしマイナスにするため、出生率を減らすことが有効である。[231] 南アジアやアフリカの高い出生率は、母親の健康に負担をかけ、一家の子どもの養育を困難にする。世界中の女性に健康医療と産児制限を提供すれば、彼女たち自身の生活の自立、子どもたちの健康維持と教育の機会が拡がるだろう。さらに人口が増加しなければ、貧困国において、持続可能経済に移行しつつ、すべての家庭に基本的な消費と健康医療を提供し、子どもに教育を施すことがずっと容易になる。

　仏教経済学の「税と所得移転」の手順は、人間活動により脅かされている４つの生態系の一つである、地球温暖化に取り組む。次の手順の「持続的な農業」は、現在脅威にさらされている残り３

つの生態系に関連する――すなわち、農業を可能にする燐・窒素循環、森林と淡水源を含む土地システム、および生物多様性（種の生存確保）である。

2．持続可能な農業

工業型農業は、地球の温室効果ガスの3分の1を放出しており、過剰な水と肥料の使用により河川、湖沼、海洋を汚している。森林は、家畜の放牧とその飼料となる大豆栽培のために伐採される。家畜と家禽は、世界で大豆の70パーセント以上を消費する。[232] 森林伐採は、生物種の喪失をひき起こし、天候を変えて旱魃の原因となる。

家畜用の工業型農業と、加工食品で広く使われるパーム油の栽培は、南米、南アジア、アフリカの熱帯雨林において重要な生態系を破壊している。熱帯雨林は、降雨の吸収と発生および二酸化炭素の吸収によって、地域と地球規模の天候に重要な役割を果たす。熱帯の密林は、たとえ密林から遠く離れていても、雨雲を発生させる。さらに、多くの密林に覆われた途上国では、乱伐がCO_2放出による公害の主因となっている。もし熱帯林を一つの国と考えれば、森林伐採は、年間の温室効果ガス放出の源としてＥＵ（欧州連合）を上回るだろう。気候変動を緩和しようとするならば、伐採中止の決断こそがその大きな一歩である。この実行のためには、富裕国は、肉類とパーム油の摂取が、どのように貧困国における森林破壊をもたらしているかを、理解する必要がある。

すべての国は森林伐採を止めて、放牧地に土地に合った樹木を植えなおさなければならない。世界中の人々は、すでに植樹に心がけているが、各国はさらに一歩進めて、森林を植え、育てなければならない。「木を植えよう」の標語は、「森を植えよう」に変えるべきだ。

土地と水を賢く利用する持続可能な農業の実践[233]は、土壌回復のために堆肥と輪作を利用すること、有機殺虫剤のみの使用、ホルモン剤と日常的な抗生物質を使わない動物の人道的な飼育を含む。これら持続可能な農法は、土壌を自然のままに回復させ、土地の生態系の一部である蜂やその他の種を支えることになる。

工業国が、より貧しい国の持続可能農業プログラムに金融支援する際には、農村社会の持続可能性は、生態系の健全性と地場文化に依存することに留意しなければならない。開発プロジェクトは、個別の開発事業の生産性ではなく、生態系の包摂的な影響に焦点を当てるべきであり、そうすれば村の生活と文化を支える地域生態系は、強靱なまま受け継がれる[234]。

世界規模で切迫する問題は、動物（人類を含む）と農業に必要な淡水を、どのように確保するかである。地球人口と所得の増加に伴い、水の必要量は増大する一方、地球温暖化により利用可能な水量は減っている。肉類、特に牛肉の生産は、大量の水を使う。地球温暖化が氷河や山頂の氷（氷帽）を溶かし、旱魃を激化させつつある今日、損なわれた河川系は存続が難しくなっている。大小の川や湖を水源とする表層水は干上がり、私たちは、さらに多くの地下水を汲み上げ、地中深く掘り進む。

世界中の多くの人々が、安全な水を得ることに苦労しており、毎日何時間もかけて、小川や湖から自宅まで水桶を運ぶ婦女子も少なくない。汚染された水を飲む人々は、寄生虫、下痢、チフスなど水を原因とする病気に苦しむ。低コストで飲用水を作る技術は、村落共同体のレベルでも農家の台所でも利用可能であり、いくつかの技術はすでに今日もアフリカとインドで使われている。私が教えるカリフォルニア大学の研究者は、安価な飲用水の供給技術を開発した。しかし、これだけでは十分ではない――世界すべての国の政府は、場所を問わず、安全かつ簡易な水の供給を確保しなければならない。これは、国連の持続可能な開発目標（ＳＤＧｓ）の第6目標（安全な水とトイレを世界中に）になっている。

一人あたりの水の使用は、国によって大きく異なる。使用量は、農業関連産業がどのように食糧を生産するか、人々がどれだけ肉類を食べるか、芝生や庭園をどのように手入れするか、各人がどれだけ水を浪費するかを反映している。富裕国は、貧困国に比べて大幅に大量の水を一人あたり使っている。米国人は、中国人のほぼ4倍、ナイジェリア人の22倍の水を使っている。米国は、農業立国であり先進国フランスの3倍もの水を使う。

世界は、貴重な淡水をもっと有効利用できるはずだ。農業、工業そして都市は、実際に使われる水の3倍もの量を引き込んでいる。残りは水系に――しばしば汚染されて――戻されるか、浪費される。農業は、過剰な灌水、非効率な灌漑、そして殺虫剤や肥料を含む水を川や海洋に流すことで、水を無駄使いする。穀物の灌水を、センサーを使って管理する新技術が最近開発された。それを使えば、作物や樹木に必要なだけ水を与えることで、水の浪費を劇的に減らすことができる。より良い計画と管理による水の保全は、世界の水需要を満たすうえで欠かせない。

飢えもまた地球規模の悲劇であり、多くの子どもが栄養失調と飢餓で発育不良に陥っている。世界中で持続可能な農業を発展させ、漁業を規制すれば、食糧供給を人々の消費量に近づけ、飢えの解決に大いに役立つだろう。富裕国は、国の内外で持続可能な農業を実践し、漁業を規制するうえで、重要な役割を果たせるし、そうしなければならない。

誰も空腹で寝床につくことがないようにする、確実かつ簡単なもう一つの方法は、食糧廃棄を減らすことである。国連の報告によれば、生産された食糧の３分の１以上が消費されていない。世界中で、毎週５００億ポンド（２２７億キロ）の食糧が廃棄されており、これは８億人の飢えを満たす量を超える。富裕国は、不必要な食糧の廃棄を止め、すべての国は、廃棄を減らすために食料品の生産方法を改善する必要がある。富裕国、貧困国を問わず、食糧ロスは収穫、輸送、加工の段階で発生する。富裕国において食糧廃棄は、店舗や家庭で、傷があるから、多く買い過ぎたからなどの理由で捨てられ発生する。廃棄される食糧のための水と土地の利用、温室効果ガスの排出は、生態系を深刻に損なっている。もし食糧廃棄を一国にたとえれば、米国と中国に次ぐ、世界で３番目の温室効果ガス排出源となる。[235]驚くほど不道徳、かつ無用なコストではないか。

極貧国の子どもたちが栄養失調か発育不良にある一方、非貧困国の子どもは、肥満関連の健康問題に悩んでいる。米国では、子どもの17パーセントと大人の35パーセントが肥満であり、疾病管理予防センターは、「肥満の蔓延は、米国国民の健康に重大な脅威となっている」[236]と警告した。清涼飲料が、特に10代の若者中心に、糖質カロリーの主要な源であるが、しかし、地域ないし連邦レベルでの清涼飲料に課税する試み[237]は、飲料メーカーの反撃に遭う。たとえば、私の住む人口10万人の町カリフォルニア州リッチモンドでは、子どもの約半数が体重過多ないし肥満である。２０１２年に砂糖税がリッチモンドの住民投票にかけられた。大手飲料メーカーは、課税は不公正であり値段を吊り上げると、小規模店主や選挙権者に訴え、２５０万ドルを反対運動に注ぎ込んだ。メーカー側の勝利に終わった。[238]

地方や中央政府は、健康を損ねる食品に課税し、学校での販売制限や情報公開によって、規制することができる。もし人々の食生活が健康問題をひき起こしていれば、政府は住民の健康を護るために行動しなければならない。

3．計測して変革する

どのようにして各国は、自国経済がより持続可能で公正になっていると知るのだろうか。経済実績を計測することによってである。ＧＤＰは、何十年もの間それを測る物指しだった。しかし今日、多くの経済学者や政治指導者は、ＧＤＰを超えて、もっと幅広い福祉の尺度の必要性に賛同している。

第６章で見たとおり、私たちは、一国と国をまたぐ経済の進捗状況を、単一の価値尺度で観測し、特定の目標については、統計ダッシュボード（データ一覧表）で補完することができる。経済実績の尺度と特定の目標の尺度は、両方とも将来世代の福祉を盛り込むことができる。ここでいう将来世代は、人類のみならず、声を持たず人間にその運命と行動の代行を委ねるしかない、他の生物種を含む。

国際連合（ＵＮ）は、持続可能性を促進し、貧困を軽減する動きにおける世界のリーダーである。国連は、持続可能な開発と気候変動に関し、データを集め分析し行動するために、各国をとりまとめるうえで、数十年もの経験がある。これらの課題に関する深い知識と、加盟１９３ヵ国の個別の知識を併せ持つことにより、国連は、「真の進歩指標」（ＧＰＩ）のような単一の経済実績の尺度と、補完的な特定指標のダッシュボードを、すべての国のために開発、実施できる唯一の資格を有している。この実績を測る単一価値尺度を、仮にＵＮ－ＧＰＩと名付けよう。

ＵＮ－ＧＰＩは、次の３つの統計数値を統合する。

・国連の人間開発指数（ＨＤＩ）：不平等と女性の権利を調整する必要がある。
・国連の持続可能な開発目標指数（ＳＤＧＩ）：総合指数とダッシュボードで構成する。
・国連の環境・経済統合勘定（ＳＥＥＡ）：地球のエネルギー、水、土地資源、生態系に関連する広範な統計と指標。

これらの数値は、ＯＥＣＤの「より良い暮らし指標」（ＢＬＩ）や世界中ですでに使われる他の尺度と併せて、ＵＮ－ＧＰＩの構成要素としてインプットされ、経済実績を記録する単一価額に集計される。この作業には、世界銀行、国際通貨基金（ＩＭＦ）、ＯＥＣＤのような国際機関の協力が必要である。すでに世界銀行は、各国と企業によるＳＥＥＡ基準の自然資本会計の実施を支援するために、「生態系価値評価パートナーシップ」[239]（ＷＡＶＥＳ）という国際協調の枠組みを設けている。

ＵＮ－ＧＰＩ単一価値尺度の強みは、その広がりと工業国、途上国双方の経済実績を包摂する能力である。富裕国の経済実績が伸びるのは、金持ちのステータス誇示の消費が、所得移転により貧しい人の基本的消費に移されるとき、家族や自治体の活動のために、週労働時間が短縮されるとき、浪費を減らすときなどである。より貧しい国の経済実績は、すべての人の基本的消費、教育、健康医療が改善するときに成長する。自然資本の減耗が減り、生態系が回復すれば、あらゆる国の実績が向上する。

ＵＮ－ＧＰＩとともに使われる補完的ダッシュボードの指標は、人々の生活満足度（幸福）を測る「キャントリルの階梯」のような、重要な非市場性の指数を示すことができる。ダッシュボードは、特定の目標に対する国ごとの達成度などのデータも含めてもよいだろう。たとえば、持続可能な開発目標（ＳＤＧｓ）ダッシュボードは、ＵＮ－ＧＰＩの単一価値尺度には含めることができない項目——すなわち人権、人の機会平等、安全、その他測ることが難しい生活の質（ＱＯＬ）の分野で、各国がどのような状況にあるか——を計測するうえで重要な手がかりとなる。

はい、お察しのとおり、賢明で善意の人たちの間でも、人々や国にとって何が大切か、さらに関連する経済目標は何かについてすら、意見が分かれている。単一の価値尺度に複数の指標をくることに反対する専門家もいるが、しかし私は、そこから学びうる可能性は問題点以上に値すると主張したい。国連は、課題を処理し前進するために、どう妥協すべきかを知っている。私たちは、歩きながら学べるし、単一価値尺度とダッシュボードは、経験を積むことで、拡張、改善することができる。

事実、もし生活の質を測る単一の価値尺度がなければ、富裕国は、消費の饗宴を続け、大自然と調和した生き甲斐のある生活を送るという、持続可能な世界への移行が、忘れられることを懸念する。変革への過程の決め手は、私たちの考え方、習慣と日常生活を変えることにある。快適な生活様式が実現するにしたがい、また幸福は富ではなく、健康、良好な人的関係、安全、他人への手助けに依存することを自覚するにつれ、良い人生とは何かについて人々の考えは、徐々に変化する。限りない金銭欲は、幸せではなく痛みをもたらす。ＧＤＰではなく生活の質（ＱＯＬ）で経済実績を測れば、会話が変わり、国も人々も、すべての人のために有意義な生活を創りだすことに、焦点を絞るようになるだろう。それは、仏教経済学を実現するうえで、鍵となる重要な手順である。

4．平和と繁栄

今日人間の幸せは、至るところで戦争と暴力によって脅かされている。多くの国で内戦が続き、米国とロシアなど大国によって戦争がひき起こされ、世界中でテロの悪循環が生じている。いまも深刻な欧州のシリア難民危機は、戦争と暴力に起因する人類の悲劇の最近事例である。

米国とその同盟国は、この15年間テロとの戦いに携わってきた。結果は、テロ、暴力と憎悪のさらなる増大でしかなさそうだ。仏教経済学は別のアプローチを提唱する――戦争に代えて、人道的援助と政治的、経済的、社会的進歩のための長期的支援の実施である。

このアプローチは、「平和と安全保障のための経済学会」[240・訳注33]（ＥＰＳ）の立場を反映する。すなわち、「世界の諸問題の非軍事的解決を促し、すべての人々の恐怖と欠乏からの自由のために、より広く働きかける」ことである。学会の標語は、ソマリアの箴言「戦争と飢餓、平和とミルク」である。世界的に著名な学者によるＥＰＳの素晴らしい研究成果[241]は、私に戦争と平和の経済について教えてくれた。

暴力に終止符を打つために役立つ重要な手段は、巨利を生む世界の武器貿易を制限することである。武器を容易に買い付けることができることが、世界中で内戦やテロを支援し、一層の政治的抑圧、人権侵害、無数の人々の死と苦しみをもたらした。

世界の武器貿易は、高水準にあった１９８０年代初めから、２０００年代初めまで減少したが、その後再び増加に転じた[242]。２０１０年から２０１４年にかけて、武器輸出５大国は、米国（31％）、ロシア（27％）、そして中国、フランス、ドイツ（各５％）と続く。これら５ヵ国合計で、すべての武器売却額の約75パーセントを占める。

２０１０年から２０１４年まで武器輸入の６大国は、インド（15％）、サウジアラビアと中国（各５％）、アラブ首長国連邦、パキスタン、オーストラリア（各４％）である。国ごとの武器貿易額は、戦争の動向を反映して変動する。２０１４年サウジアラビアは、武器輸入を大幅に増やし、インドに代わって世界最大の輸入国となった[243]。

紛争や人権抑圧のために使われる武器取引を制限するという崇高な目的のもと、２０１４年国際連合は、小型武器から軍艦まですべての通常兵器を対象とする、武器貿易条約（ＡＴＴ）の締結に漕ぎつけた[244]。武器売却が紛争に使われる、あるいは人権濫用をひき起こすリスクを評価し、リスクが極めて高くなれば、国境を越える武器の移転を許可しないことに、77ヵ国が合意した。条約はまた、国連の武器輸出禁止決議に違反する武器の移転も禁ずる。武器輸出大国のうち米国、フランスとドイツは条約に賛成したが、他方、ロシアと中国は遺憾ながら署名しなかった。武器輸入６大国の中では、オーストラリアとアラブ首長国連邦だけが署名した。

一国だけで世界平和を実現することはできない。国際協調（たとえば国際連合のリードのもと）と特定の紛争の地域交渉とが相俟って、はじめて紛争や抑圧の非軍事的解決実践への道を拓くことができる。しかし、国内で生じる事象に責任を負うのは、その国の政府である。一国の政府だけが、国境の内側ですべての人々の基本的人権を護ることができ、国内の汚職と暴力を排除することで、政府内の上下すべてのレベルに信頼を植え付けることができる。

　これまで仏教経済学は、企業が経済で果たす役割について、ほとんど発言してこなかった。自由市場経済モデルは、企業は利益を極大化するべきであり、減益につながる他の目標は、それが何であれ最小限にすることが正しいと教える。自由市場モデルに沿って、大企業は通常、仏教経済学が重視する政策——たとえば最低賃金の引き上げや生活給、累進課税、汚染対策、労働時間の規制、有給家族休暇——に反対する。大企業は、これらの政策に対抗するロビー活動と、権力と利益拡大に結びつく補助金と規制を要求する政治活動に、資金を投じてきた。その間、中小企業も、大企業に便乗してきた。

　しかし、大会社の間でも、従業員の処遇や、その事業と製品が世界に及ぼすインパクトには極めて大きな違いがある。多くの会社が、利益追求のみならず事業運営を改善するために、「企業の社会的責任」（ＣＳＲ）あるいは「グリーン・イニシャチブ」の遵守を誓約している。これらの取り組みは、明らかに実績をあげているものもあれば、単なる販売戦略と割り切って行われている場合もある。「グリーンウオッシュ」[訳注34]という軽蔑用語があるが、これは環境にやさしい製品を謳い文句にしながら、実は大規模な環境破壊を進めている会社の代名詞である。

あらゆる利害関係者――従業員、社会、環境――を公正に遇する会社を探すのは簡単ではない。しかし、米国のワーキング・アセッツ社[245]（現クリード社：社名は「信条」の意）のようにいくつかはある。同社は、クレジットカードと電話サービスの会社として１９８５年に創設され、収入の一部を社会事業に寄付している。現在まで８千万ドル以上を、主に人権と環境正義に取り組む非営利団体に寄付した。もう一つの例は、タイルカーペットを製造するインターフェース社[246]である。同社は、石油を主原料として製品を作ってきたが、１９９４年「地球の略奪者から回復の先兵」になるべく、会社の基本方針を転換した。製造過程と製品を見直し、再生可能な素材とエネルギーを使う新しい技術とシステムを採用することで、廃棄物と有害物質の排出を減らすことに成功した。[訳注35]

もう一つの明るい材料は、社会的企業、すなわち何らかの課題の解決あるいは社会的目標の支援を目的とする小規模会社である。社会的企業は、営利目的と非営利目的いずれもありうるが、しばしば新技術や革新的な手法を用い、主に開発途上地域で人々に雇用とサービスを提供し、事業展開している。私は、アフリカ、インドなど貧困地域の生活水準を改善する新技術を、開発し実践したバークレー校の大学院生[247]と仕事をしたことがある。主なビジネス・スクールには社会起業家プログラム[248]が設けられており、あなたも個人的に社会的企業を支援することができる。[訳注36]

大企業は、公正で持続可能な世界を築くうえで、果たすべき役割を有している。次の２つの手順は、仏教経済学への跳躍にあたり、企業が何をなしうるかに焦点を当てる。最初の手順は、大企業あるいは大組織が、どのように対内的（サプライチェーンを含む）および対外的に（製品とサービスを通じて）、より公正で持続可能なあり方に移行しうるかに関している。続いて、会社が、従業員に生活できる賃金と、生き甲斐のある人生を過ごせる労働時間を提供することで、どのように仏教経済の実現に役立ちうるかに焦点を当てる。

5. エコ生産とエコ製品

世界中の企業は、環境への悪影響とカーボン・フットプリントを減らすために、事業のやり方を変えることができる。脱炭素に向けた再編投資によって、会社の利益を維持しつつ、温室効果ガスの排出を大きく減らすことが可能である。ハーバード経営大学院の研究によると、[249] 環境への取り組みが進んだ企業90社の市場株価（１９９３年～２００９年）は、遅れた同業他社の値動きを上回った。しかし全般的に、企業の環境ガイドラインに対する対応は鈍い。

埋蔵化石燃料の減価に伴い、収支決算の面で最も大きなリスクに直面する会社は、石油会社など化石燃料会社自身であり、続いて自動車メーカー、工業型農業、その他の化石燃料を大量に使う業界である。改善の余地が極めて大きいだけに、これらの業界は、脱炭素に向けた再編推進の中心となるだろう。

気候変動によって、リスク管理があらゆる企業の深刻な課題になりつつある。企業は、気候変動、エネルギー価格、炭素汚染の削減が、将来の会社収益にどのように影響するかを見定めなければならない。会社が、環境の持続可能性を事業運営と製品に取り込む方針さえ固めれば、エネルギーや水の管理改善に必要な情報や手法[250]は、手軽に入手可能である。[訳注37]

大企業に損害保険を販売する会社は、巨額のリスクに直面している。イングランド銀行のマーク・カーニー総裁は、気候変動は「洪水や嵐による保険金求償のような物理的リスク、気候変動によって損失をこうむった被害者が責任企業に賠償を求める賠償責任リスク、低炭素経済への移行、調整を起因とする資産（化石燃料埋蔵資源）再評価に伴う移行リスク」[251]を通じて、一国の金融の安定を揺るがすと警告した。

ロンドン・スクール・オブ・エコノミクスの研究[252]によれば、温室効果ガス削減を怠れば、気候変動によって世界の金融資産は、今世紀末までに２・５兆ドル減少し、最悪のシナリオでは損失額は24兆ドル（世界の金融資産の17パーセント）に達すると試算される。２℃以下の目標実現まで排出量を削減すれば、損害は３分の１から半分ほど軽減される。

保険業界は概ね、巨額の損失をこうむる可能性を共通認識している。大手の保険会社は、顧客企業や政府に対し、持続的な脱炭素社会に移行すべく計画を立て、速やかに行動するよう働きかけている[253]。その動きに対し民間部門が応じた[254]。英国の非営利団体ＣＤＰは、グローバル企業から環境への対応情報を集めて公開するとともに、気候変動緩和のための経営面の実践例と利益率との関連について報告している。ＣＤＰは、国際環境ＮＧＯのクライメート・グループと組んで、国際的なイニシャティブＲＥ１００[255]を立ち上げた。ＲＥ１００は、欧州、米国、中国、インドなどの大企業50社以上で構成され、参加企業は、自らが定める目標年次までに、自社事業の使用電力を１００％再生可能エネルギーで賄うことを約束する[訳注38]。米国ホワイト・ハウスは、有力多国籍企業80社以上が、パリ協定（ＣＯＰ21）の合意事項に賛同し、気候変動問題に取り組むことを誓約したと、新聞発表した[256・訳注39]。賛同各社は、具体的取り組み事例を紹介するとともに、自社の目標を設定する。

仏教経済学を会社経営の指針にしようと思えば、材料は豊富に揃っている。[257] この分野の古くからの先駆者といえば、欧州の経済学者ラズロ・ゾルナイであろう。企業が、利害関係者と協調しつつ、生態学的、社会的制約条件のもとで、どのように人道的で持続可能な会社運営をすることができるか――彼の著書は多くを教えてくれる。もう一つ勧めたい包摂的な会社経営論は、米国の経済学者クリス・ラズロの著作である。企業が、最適な社会および環境持続可能性のために、経営資源をどう組み合わすべきか――彼は、最新の手法を教える第一人者である。

企業の社会的責任[258]（ＣＳＲ）は、かなり以前から使われる主流派ビジネスモデルの延長概念で、従業員、顧客、株主、地域社会や世界との関係改善を通じて、社会問題の解決に役立てるという、多くの会社がこれまで利用してきた経営手法の一つである。半世紀以上を経た今日、ＣＳＲは、企業がもっと責任ある行動をとれるのではないかという、大きな課題に直面している。ＣＳＲが企業利益と評判に与える影響については、せいぜい功罪相半ばというのが、多くの研究の結果である。

しかし、地球温暖化を食い止め、危機的な生態系を再生させるという、今日の最優先課題との関連で、ＣＳＲは、21世紀の企業が脱炭素世界への移行期に直面するリスクをどう管理するかについて、必要な管理手法を持ち合わせていない。持続可能な生産に対する現実的かつ挑戦的なアプローチは、廃棄物を減らすと同時に、再生可能エネルギーを使い、環境を支える「循環型生産システム」[259]である。この考え方は、すべての生産は再生可能な資源を使い、すべての消費は、再利用のためのシステムに戻すべきというものである。メーカーは、製品を環境に配慮し、汚染のないものに再設計し、そうして作られた製品は、環境を再生する自然循環の一部に組み込まれる。

学者や活動家は、企業が社会的責任を果たし、持続可能な事業運営をする手法について、多くの提案をしてきたが、それに応える会社はわずかだった。訴訟にならない限り、企業が環境破壊の対価を直接支払うことはなく、政府は、エネルギーの無駄使いすら、なかなか規制しようとしないことから、会社は、環境の劣化を気遣うことなく、利益追求に邁進している。大会社が倫理的で持続可能な道を歩むためには、政府による規制と課税という、強い指導手段が必要である。

民間投資の決定に、環境、社会、ガバナンス（ＥＳＧ）の要因を組み込むことによる、収益改善効果が明らかになるのに伴い、民間部門は、もっと大きな役割を果たすようになるだろう。国連環境計画・金融イニシャティブは、２００以上の銀行業、保険業、投資業界組織と共同で、責任ある投資の６原則[訳注40]を推進するため、ＥＳＧ要因と財務実績の関連を分析した。この作業の一環として、長期機関投資家による投資コンソーシアムが結成された。その目標は、ＥＳＧの問題意識が高い会社とプロジェクトを特定し、投資することにある。

企業が環境汚染を止め、再生可能エネルギーを使うようになるには、顧客と社会も圧力をかける必要がある。化石燃料依存型の産業に圧力をかける一つの方法は、会社の株式売却である。今日の投資撤退運動[260]は、大学キャンパスから始まり、欧米の教会や市民団体に拡がった。大きな年金基金や寄付金ファンドは、化石燃料関連産業に対し、炭素を地中に残し、再生ネルギーに移行するよう、投資引揚げによって大きな役割を果たすことができる[訳注41]。

しかし残念なことに、多くの組織が、天然ガスはクリーンで、石炭から再生可能エネルギーへの橋渡しに必要であるとの、天然ガス業界の宣伝に乗せられてしまっている。スタンフォード大学と私が教鞭をとるカリフォルニア大学は、石炭とタールサンド（油砂）の株式から投資を引き揚げたが、他の化石燃料関連株はそのまま保有している。これは大きな第一歩ではあるが、まだまだ不十分である。

規制、炭素税と市民活動を通じて、私たちは化石燃料会社に対し、クリーンエネルギー会社に転換し、化石燃料埋蔵資源を地中に残すように、圧力をかけることができる。

6. 生活給とバランスのとれた生活

すべての人々に持続可能で生き甲斐のある人生をもたらすためには、仕事に関する議論が欠かせない。人間性を破壊せず、快適で持続可能な生き方ができる賃金が得られ、家族や地域活動の時間もある仕事――誰もがそういう仕事を必要としている。奴隷のような低賃金、あるいは労働者を酷使し、残業を強いる仕事は、幸福と両立しない。幸福を実現するには、最低賃金、超過勤務手当と家族有給休暇を義務付ける政府の施策が必要である。

実をいうと、私の専門分野は労働経済学である。長い間私は、労働市場を研究し教えてきた。これまで取り上げた課題としては、雇用、所得、福利厚生、差別、失業や生活水準などがある。仏教経済学は、会社が跳躍するために必要な3項目を教える。

・経営者（CEO）と会社幹部の法外な報酬を減らすこと。
・従業員の給与を生活できる水準に引き上げること。

・残業手当の対象者だけでなく、すべての従業員の労働時間を削減すること。

大企業のＣＥＯの報酬は、彼らの付加価値あるいは会社業績と関連していない。このことを実証する研究については、すでに触れた（訳注：第3章の「所得と幸福」最終段落を参照）。もっと悪いことに、会社幹部と一般従業員の所得格差[261]は、会社の強い力を反映している。過去40年、労働者の力が衰退するにつれ、恵まれた経営幹部と他の労働者の賃金格差は、歴史的な不平等を生みだすまでに拡大した。

職場の士気と公平を回復するためには、会社は報酬体系を見直し、所得をトップ０・１パーセントから低位40パーセントに移し、所得格差を妥当なレベルに戻さなければならない。２０１４年マサチューセッツ工科大学は、生活給と作業の権限移譲を伴う良質な仕事を提供し、人間中心の戦略を採用する会社は、業績も優れているという研究を発表して注目を集めた[262]。

生活給を支える他の政策——たとえば、労働者の団体交渉力の向上、最低賃金の引き上げ、児童や奴隷労働、長時間労働や危険な作業環境など、劣悪な労働慣行のもとで作られた製品の輸入禁止などは、すでに議論したとおりである（訳注：第2章の「経済学に対する仏教的アプローチの3要素」および第5章の「国が不平等を選択する」を参照）。

北欧、フランスやドイツの会社が示すとおり、有給休暇と弾力的な家族休暇を増やす政策は、収益性と整合的である。これら欧州諸国は、夏休みなどの有給休暇に加え、週労働時間をさらに短縮することができる。働き過ぎの従業員は燃え尽き、健康被害をこうむる。米国や日本で見られるような、わずかな有給休暇と長時間労働は、職業人の生き方としてあるべき姿ではない。

仏教経済学は、繁栄を分かち合う持続可能な経済の実現のため、各国と産業界が指導力を発揮するよう呼びかける。会社が実行に必要とする手引きや支援については、この本に掲載した研究業績や組織が役に立つだろう。いまこそ企業は、政府や人々と手を携えて、生態系の破壊を止め、すべての人に生活の質（ＱＯＬ）を付与するべきときである。

私たち一人ひとりもまた、個人として仏教経済に跳躍することができる。次に述べるのは、個人がとるべき２つの手順、すなわち自分自身の生活において、そして他の人たちと協調してとるべき手順である。

7．愛情、思いやり、知恵とともに、心満たされて生きる

私たち一人一人が、自分自身と地域社会にとって有意義で幸せな生活を築くために、各々が役割を果たすことができる。その道標は次の３点である。

・愛情と思いやりを持って、心満たされて（マインドフル）生きる。
・他人を気遣い、苦しみを解き放つ。
・大地を楽しみ、再生させる。

この道標は簡単そうに見えるが、日常生活で守ることは容易ではない。私たちは、あれこれ買い

たいという誘惑の物質文化に囲まれている。金銭欲と社会的役割は、私たちの時間を限りなく要求し尽きることがない。ほとんどの時間を、何かを気にして欲求不満で、生活に充実感を持てないまま過ごす。

仏教経済学は次のように言う。

止まってごらん。静かに座って、いまの瞬間の不思議を味わいなさい。息を吸って、あなたの生活の良い面を思い浮かべなさい――先週末の家族、友人と行ったピクニック、今日の美味しかった食事、窓から見える大きな木、手助けをした病気の友、手伝っている慈善活動。あなたの生活に潤いを与える人々や、あなたを支える地球に感謝しなさい。精神的投影によってあなたの現実を創りあげ、思考習慣によってあなたの日常を縛る自我――あなたの自我から離れなさい。愛と思いやりの自らの仏性に耳を傾けなさい。

静かに座り、いまの瞬間を味わうことは、心満たされた有意義な生活を実践するうえで、大切な出発点である。

気候変動に関する仏教徒宣言は、[263・訳注42]次のように呼びかける。「個人としても種としても、私たちは、他の人々からだけでなく、地球そのものからも切り離されている、と感じる自我の意識に苦しむ。ティック・ナット・ハン（釈一行）が言ったとおり、『私たちは、疎外感の幻想から目覚めるためにここにいるのだ。』私たちは目覚めて、地球は母であり家であること――この場合、私たちを結びつける臍の緒は切り離せない――を自覚しなければならない。地球が病めば、私たちも病むことになる。なぜなら私たちは地球の一部だから。」

私たちは、お互い依存関係にあることを思い出して欲しい。ソーシャルメディアで過剰につながっていることと、人の心の結びつきとを混同してはならない。スマホを脇に置いて、周りの人――家族、友人、見知らぬ人――と結びつく方法を探してごらん。人生の数知れぬ欲求のせいで不幸に感じるとき、誰か知っている人を助けてごらん。あなたにとって何が大切か、何が本当に好きか、何が生き甲斐かを考えてみる。それ以外のことは、予定表から削ってみよう。

買い物旅行の代わりに、家族と一緒の時間を増やし、友人を助けてごらん。買い物をするとき、なにか小物や靴をもう一足買う前に、「本当に要るのかな」とたずねてごらん。

生活を簡素にすれば、楽しい活動に過ごす時間が増える――友人とお茶をする、子どもと遊ぶ、日記をつける、芸術を楽しむ、庭仕事をする、朝市で買ってきた食材を料理する等など。生活を楽しむということは、お金をどう使うかではなく、時間をどう使うかである。

多くの人にとって、意味のある生活を実現するには、働く時間を減らし、仕事と家庭その他の活動とのバランスをとる必要がある。これには、職場の人たちや家族と真剣に話し合い、知恵を絞らねばならない。所得ではなく幸せに焦点を当ててごらん。あなたは自分の労働時間に関し、どのくらい裁量を有しているか、どれだけ働きたいか、また働かなければならないかをよく考えてごらん。仕事の時間を減らせばその分、他人を思いやり、地域の活動を助ける、庭の手入れや家の改修をする、芸事に励む、友人と一緒に過ごすなど、生活を楽しむ時間を増やすことができる。

私たちはすべて地球の一部であるが、人間の活動は、取り返しがつかないほど地球を傷つけている。大自然と調和して、心豊かな生活をするうえで大切な点は、私たちの活動が、いかに生態系や他の人々を害しているかを学ぶことである。読者はすでに、自分のカーボン・フットプリントとウオーター・フットプリントを計算し、地球を助けるために日常の行動を変えているかもしれない。しかし、私たちの多くは、大きなカーボン・フットプリントをなかなか減らせないでいる。私たちは、自分は善意であり、仕事や他の活動を通じて他人を助けていると、自らの行動を正当化してしまう。時間は貴重であり、いまでもやるべきことが山積していると。

　これが私自身の思考の枠組みだった、２００６年に記録映画『**不都合な真実**』を見るまでは。私は、オンラインでカーボン・フットプリントを計算し、なんとか質問票をグリーンな答えで埋めながら、自己満足に陥っていた。だが、飛行機を利用した旅行を集計したとき、いきなり不意打ちを食らった。私は、半導体の研究で、米国国内を出張し日本を往復していた。空路の旅は、私のカーボン・フットプリントを驚くほど、また恥ずかしいほど大きくしていた。私は、実地調査の出張をどうやって減らせるかを研究チームと議論して、面談の一部を対面ではなく、スカイプを通じる方式に切り替え始めた。いまでは私は、飛行機の利用を極力減らし、仕事の会合、遠方の家族や友人との連絡には、インターネットと携帯電話を使うことにしている。

　私の家族がどのように炭素排出量を減らしたか、いくつかやり方を紹介しよう。車の運転を減らし、長距離の旅には自分の古いプリウスを使うが、普段は小型の電気自動車を借りている。紙、プラスチック、缶はすべてリサイクルに回す。堆肥とミミズ農場を作り、庭では自然の殺虫剤（有機害虫忌諱剤とニーム油）のみを使用する。ゴミ処理回収用のゴミ箱には、ほとんど何も入っていない。海に入るときは、日焼け止めクリーム（珊瑚礁に有害）を塗る代わりに、ウェットスーツを着る。小さな芝生は、地場の草木に植え替えた。私の夫は、いつも家の修理をしている。

冷えるときには、重ね着をするかひざ掛けを使い、暖房は低めの温度に設定する。暑いときは、冷房のスイッチを入れる前に、窓を開けて風を入れるか、小さな扇風機を回す。街中を走行するときには、車の窓を開け、エアコンは22℃に設定するが、できるだけ使わないようにしている。仕事や友人宅から戻ると、家では「普段着」を着て、洗濯やドライクリーニングを減らす。浴室や台所の雑排水は、集めて玄関わきの植木鉢の水やりに使う。食器洗い機はたまに使うだけである。贈り物の包装紙は、漫画やカレンダーのページ、その他貯めておいた紙を利用する。

日常生活において仏教経済学は、食生活でも世の出来事に対しても心安らかであるように、「牛を食べるな」（“Don't have a cow!”）と導いてくれる。これは文字どおり「牛肉（羊肉）を食べないこと」、比喩的には「いらいらするな、カッカするな、落ち着け」（訳注：米国の話し言葉）の意味である。

牛肉や羊の肉を食べないというのは、地球を救ううえで大きな意味がある。牛肉と羊肉の炭素、ウオーター・フットプリントは、他の動物に比べ格段に大きい（第4章の「道徳」――あなたの食べ物と温室効果ガス――参照）。私の家族は、それ以外の畜産物を少しだけ食べる（あるいはまったく食べない）。そのうえ、買った食料はすべて消費し、残り物はミミズの餌となる。買い物は、地元の農家の市場でする。

一日を過ごすなかで、私はときどき立ち止まり、「我らが癒されるが如く、母なる大地を癒さん」と仏教のお祈りを繰り返す。[訳注43] この言葉は、環境を大切にし、周りの苦しみを減らすよう心に呼びかけ、私を自分自身と周囲に結びつけてくれる。

衣装棚が満ちた生活から心が満ちた生活に移るにつれ、あなたは、ここに記したリストにもっと追加することができる。私たちは地球を傷つけたくないし、生活を楽しみ、地球を大切にしながら、世界中の苦しみを減らしたいと願う。

8．力を合わせて行動を

ティック・ナット・ハンは教える、「私たちの体と心の癒やしは、地球の癒やしとともにあらねばならない……一緒に、私たち自身と世界の本当の変革を実現することができる……母なる大地と共に生き残り栄えるか、あるいは死に絶えるかである」と。[264]

私たちは、一人ではほとんど何もできないが、力を合わせれば変えられることを知っている。２０１５年のパリ気候変動会議を前にした世界中の盛り上がりは、各国政府を動かし、地球温暖化を２℃以下に抑える協定の署名に持ち込んだ。パリ会議の後、環境活動家は故国に戻り、主に地域の課題に取り組んだ。たとえば、石炭火力発電所の閉鎖、公有地における新たな化石燃料採掘の阻止、米国でのフラッキング（水圧破砕法）による天然ガス採掘の阻止、ブラジルの熱帯雨林での燃料採掘の終結、およびドイツの褐炭露天掘り終結などである。

私が尊敬する人物の一人が、国際環境非政府組織350.orgを創設したビル・マッキベンである。人間による地球上での自業自得的な破壊を思い、気持ちが落ち込むとき、他の人々とともに変化をもたらすべく外に出る——そう彼は語る。環境運動や集会は影響力を持っている。オバマ大統領は、キーストン・パイプライン計画[訳注44]に反対する、何ヶ月にもわたる根強い大衆運動[265]に向き合い、気候への影響を理由に、建設を認可しなかった。

　環境活動は、地域に限定されたもの、比較的大規模な全国運動の一環の場合もあれば、「グリーンピース」や「地球の友」（ＦＯＥ）のようなグループに率いられた、全世界的な組織活動の一部でもありうる。米国とカナダでは、350.orgや環境ＮＧＯ「環境防衛基金」（ＥＤＦ）、自然保護団体「ザ・ネイチャー・コンサーバンシー」（ＴＮＣ）、自然保護団体「シエラクラブ」が、ソーシャルメディアを使って、地域と州レベルの運動を組織している。「気候行動ネットワーク」[266]（ＣＡＮ）は、世界各地で1千近い気候行動グループの行事をまとめている。一例は２０１６年5月の化石燃料からの「ブレイクフリー：解放」運動で、化石燃料による操業の中止と１００パーセント再生可能エネルギーへの移行加速を要求した。気象危機がもたらす正の遺産は、私達の集団的な活動が、草の根運動における市民の役割を強め、環境組織や無公害運動への参加と寄付を拡げることによって、より思いやりのある社会の建設につながっていることである。

　気候変動に対応して協力するに際し、私たちは、資金力のある化石燃料エネルギー企業や、彼らが献金する組織、政治家からの巻き返しに備えなければならない。巨大石油会社は、石炭、石油、ガスの使用削減を目的とする規制を阻止するために戦うだろう。炭素排出削減要求に反対して何百万ドルも使い、気候変動とその原因について、嘘と誤った情報を流して、人々（と有権者）を欺いてきたことは知られている。[267]巨大石油会社は、再生可能エネルギー会社として生まれ変わるだけの資力を有している。しかし会社は、再生可能エネルギーへの投資は形ばかりにとどめ、資金を「地中に残そう」運動と戦うために使うことを決定した。彼らは、地球温暖化と気候変動の元凶であることを否定する。また不幸なことに、化石燃料業界は、気候変動はでっち上げだ、あるいは証明されていないと、多くの人々に思い込ませることに成功した。

　エクソン社の科学者は、１９７０年代すでに、化石燃料が大気を危険な水準にまで暖めるとの証拠を得ていた。エクソン社はこの研究を隠蔽して、他の化石燃料会社と支援財団と共同で、地球温暖化発生の事実を否定し、気候科学の研究成果を疑問視した。化石燃料業界は、煙草会社――煙草が人に有害かつ命に関わるとの自社の研究結果を隠し、否定する達人――が歩んだ道[268]を踏襲したのである。世論の怒り（#exxonknew 参照）[訳注45]が後押しして、ニューヨーク州とマサチューセッツ州は、エクソン社が気候変動に関する研究を隠蔽したことで、株主に損害を与え、法に違反したかについて調査を開始した[269]。

　気候変動への対応に加えて、私たちは、暮らす社会が持続可能で助け合いの場となるよう、尽力したいと思う。各地で多くの嬉しい動きも見られる。都会では、公共の交通手段が建設され、車に代わって自転車や徒歩が、もっと安全で快適となるよう整備が進められている。都市部では、人口密集地域の住民が日常習慣的にリサイクルと堆肥づくりができるよう、廃棄物管理システムを作っている。建物の省エネ推進のため、企業や住民に助成措置も講じられ、ビルの屋上緑地があちこちで増えている。

　あなたは、人々の苦悩、特にお年寄りと子どもの悩みを減らすために、さまざまなやり方で、友人、隣人や団体と協力することができる。ボランティアが特に必要な分野は、在宅のお年寄りあるいは介護施設に移った高齢者の支援サービスである。知ってのとおり、助けが必要なときに支援を得られることは、人が幸せを感じるうえで極めて重要である。ボランティアは、お年寄りが薬局や医者に行く手伝いをする、郵便物の整理をする、あるいは一緒にお茶を飲む、電話で元気かたずねるだけでもよい。もう一つボランティアを必要とする分野は、児童生徒とのつながりである。たとえば、勉強についていけない子どもに放課後手助けをする、スポーツチームの監督を手伝う、あるいは低学年の教員補助としての活動などが挙げられる。ボランティアと高齢者、子どもとの間には、すべての人々を豊かにする関係が築かれる。

　私たちが仏教経済のもとで生活スタイルと期待感を変えるにつれ、新たな習慣と新たな価値観が創りだされる。私たちは力を合わせて、大企業が経済を牛耳る仕組み、エリートが富を独占し社会を操る仕組みに、終止符を打つことができる。政府は、すべての人のために公平で公正な経済を実現するという、本来の役割を取り戻す。所得よりも幸せに重きを置くことで、ともに労働時間と失業を減らす、自然資本と社会的資本を回復する、資源配分を改善する、そして他人を思いやり、生活を楽しむ時間をもっと持つ――これらを通じて、国民全体の幸せを増やす。

　仏教経済学に取り組み、実践するには、勇気が必要である。変える勇気、環境を護る勇気、正義を貫く勇気、喜びとともに生きる勇気である。個人レベルでは、金銭欲にかられた長時間労働と出世競争に決別する勇気、他人を助け、心満たされた生活をする勇気、単調な繰り返しの生活を離れ、人生を楽しむ勇気が必要である。国のレベルでは、環境を保護し炭素排出量を減らす経済、成長を所得の増加ではなく幸せの改善と定義する経済――そういう経済に必要な基盤整備を、政府に要求する勇気が必要である。同時に私たちには、すべての種と将来世代に代わって、私たち自身が行動する政治的意思と勇気が必要である。

仏教経済学の本には終わりがない。なぜなら、それは一生の関わり合いであり、歩みであるからだ。一緒に旅を続けようではないか。

> 社会的生き物として、私たちは愛と思いやりが必要である。
> これらは人の最良の資質である。
> これらによって、私たちは社会をいたわることができる。[270]
>
> ダライ・ラマ、2015年

謝辞

この本が上梓されるまでの過去5年間、友人や見知らぬ人が寄せてくれたご意見とご支援に感謝申し上げる。２０１２年、心理学のクリスティナ・マスラック教授と昼食をともにしつつ仏教経済学について話をしたところ、教授は2学年のゼミで取り上げてはどうかと勧めてくれた。翌２０１３年の春、カリフォルニア大学（ＵＣ）バークレー校2学年ゼミ（マスラック教授が副学部長時代に作られたプログラム）の一環として、私の仏教経済学ゼミが始まった。私は、特にゼミの学部生と、過去数年の大学院生に対し、彼らの創造的で探求心あふれる分析に感謝したい。お蔭で私の思考を拡げることができた。

　私は、バークレー校その他大学の同僚から、討論やゼミを通じて多く学んだ。名前を挙げれば、アリス・アゴジーノ、ジョージ・アカロフ、ボブ・アンダーソン、デビッド・アンソフ、マックス・アウフハマー、プラナブ・バーダン、エリック・ブルーワー、ジェナ・バレル、デビッド・カード、カレン・チャプル、ジャック・コルフォード、ステファーノ・デラビーニャ、トロイ・ダスター、バリー・アイケングリーン、マリオン・フケード、ジリアン・ハート、アーリー・ホクチャイルド、デーブ・ホッジス、ハーマ・ヒル・ケイ、ダン・カメン、ダハー・ケルトナー、ジョージ・ラコフ、デビッド・リバイン、ジム・リンカーン、ジョゼフ・ラック、メリー・アン・メイソン、デビッド・マッツァ、サニヤート・メイヘンデール、ディック・ノガード、タッパン・パリク、ジェフ・パーロフ、マシュー・ポッツ、スティーブ・ラファエル、アイシャ・レイ、マイケル・ライシュ、リー・ライリー、スティーブ・ローチ、エマニュエル・サエズ、ロバート・シャーフ、ジェシー・ロスティン、アナリー・サクセニアン、マーガレット・テイラー、ローラ・タイソン、デビッド・ボーゲル、キム・ボス、ジャネット・イェレン、シェリー・ゼデック、ガブリエル・ザクマン、そして私の恩師故ロイド・アルマンである。

草稿に対し貴重な意見をくれた親しい友人に感謝申し上げる。サンフォード・ジャコビ、ベッィ・パートリッジ、ポーリン・ソーター、マイラ・ストロバーとアリソン・テイラーである。私が推敲に疲れて行き詰まったとき、ダニエル・マッツァ‐ブラウンが、慎重かつ深い読みで助け舟を出してくれた。

UCバークレー校の労働雇用研究所（IRLE）には、私の経済実績の計測に関する研究で、財政的・事務的な支援をしていただき、感謝申し上げる。IRLEは、労使関係研究所（IIR）と呼んでいたころから、何年来にわたり第二の我が家というべき所である。ケン・ジェイコブズ、カティ・チュアン、キャロル・ゼイビン、その他多くの人との数知れぬ議論が、私の考えを鍛えてくれた。アンドリュー・チョン、エリ・ラザラスおよびマリア・オルディジェスは、素晴らしい研究補佐と独自の貢献をしてくれた。

私の仏教経済学の仕事は、多くの分野の鍵となる人物が関心を持ち、広めてくれたおかげで進展していった。キャサリーン・マクレイが、私のゼミについて『バークレー広報誌』に書いた的確な紹介記事は、世界各地の学者と交流するきっかけとなった。そして、新旧の仲間たちとの活発な議論を参照できたおかげで、この本を充実したものにできた。特にお世話になった人たちを挙げると、ローズマリー・バット、ジョアンとクルト・バイヤー夫妻、グンゼリ・ベリク、サム・ボウルズ、タニア・ブシャート、ウェンディ・カーリン、ダブ・クラーク、ダイアナ・コイル、ピーター・コヨテ、ピーター・ダニエルズ、ビル・イースタリー、ジョー・エンジェルバーグ、ロバート・フランク、ダニエル・ゴールマン、イアン・ゴフ、アーシュラ・ヒューズ、メアリー・ローズ・カゾロフスキー、キャシー・ケチャム、ニコラ・レイシー、ジュリア・レーン、ジェフ・マドリック、ジュリー・マタエイ、ビル・マッキベン、ダン・ニクソン、フィル・オレオポリス、ヨン・ペイク、アチュタン・パラ、エレニ・パラス、ティンレイ・ペンジョア、トマ・ピケティ、ナタリー・ポポビッチ、アンドリュー・ロス、ゲール・ライアン、ポール・ライアン、ジェフリー・サックス、ソニア・サックス、アマルティア・セン、デビッド・ソスキス、カースティン・スポールディング、そしてジョー・スティグリッツ、ティム・スタージョンおよびラズロ・ゾルナイである。私に馴染みがなかった組織とその重要な活動について、丁寧に教示してくれた次の人たちにも感謝する：英国国家統計局のグレン・エベレット、一国の幸福の計測に関してバックミンスター・フラー研究所のパブロ・フロイント、ＯＥＣＤのキャサリン・マン、そして英国ニュー・エコノミクス財団のチャールズ・シーフォードである。

ニュースクール大学シュオーツ経済政策分析センター（ＳＣＥＰＡ）のテレサ・ギラドッチ所長

は、仏教経済学の世界観を共有する学者グループと、２日間の充実した会議を企画してくれた：ロパ・バナジー、ラファエレ・チャップ、ダンカン・フォリー、デビッド・ハウエル、リック・マクゲイヒー、およびアンワル・シャイクである。

スリランカ大統領事務局のハリンドラ・Ｂ・ダサナヤケは、仏教の観点から見た持続可能な開発に関する作業部会に招待してくれた。２０１６年２月、夫と行ったスリランカ旅行は忘れ難い。そこで出会った多くの人たちから学んだが、いく人かを挙げれば、ハリンドラ、イラジ・ディ・アルウィス、カリン・フェルナンド、サマン・ケレガマ、モハン・ムアシン、バジララマエ・ナナシハ師、アジュナ・セナビラトネ、およびウィマララタナ師である。

インドでは1週間、サラナト国際ニンマ派学院で実りのある対話議論を行った。私が到着する前に、ツェリン・ゲレク院長は、インドとネパールの学僧20名を集め、アンディ・フランシス、パトリシア・ファーランド、トッド・ショーを講師に、地球温暖化の勉強会を2週間実施した。私が着くとまず、気候科学を２日間みっちり勉強し、その後、私の最大の関心事「仏教の『法』は地球温暖化の解決に役に立つか」を正式議題にして討論した。4時間にわたり、念入りかつ活発に啓蒙的な討論がなされた。私は会議の司会を勤めたが、いまもその経験から学んでいる。特に心に印象が残る僧は、ケンポ・クンサン師とケンポ・ドルジ師である。

ダラムサラでは、チベット人のラクパ・キゾムとロプサン・テンジンのおかげで、実地に楽しく学習することができた。チベット亡命政府があるチベット政府センター（ＣＴＡ）を訪問した際には、ナガ・ソギャズにチベット語と哲学を教えてもらい、また彼の案内でＣＴＡの具体的な役割について説明を受けた。ロヒタシュ・ジャイカリアにはヒンズー寺院と茶園の見学に対し、またディパク・グプタとラケシュ・グプタには、大気汚染と喧騒のなかでインドを特別な思い出にしてくれたことに対し、お礼を申し上げる。

２０１１年秋、ネパールからチベットの聖なるカイラシュ山にかけてトレッキングをしたとき、仏教徒の友人リネアとリック・クリスチアーニ夫妻、ジャネット・イーウィング、ボブ・ホフマンそしてリーダーのジョー・ピラールと交わした道中の会話は、私の考えと幸せの糧となった。

仏教の教えと知恵を授けてくださったアナム・ツプテン・リンポチェ師と、知識と愛を分かち合う教団の仲間に感謝する：シャロンとジェフ・ロウ夫妻、ダイアン・シュナイダー、ウィージとジョージ・ライアン夫妻、ケン・ホワイト、ブルック・デタライン、ポール・ホーケン、サラ・ラチネン、ジェイコブ・アーシュレッタ、トム・ピータソン、ローラ・ダガン、デボラ・ヘンダーソン、ビン・ブディアルト、キャサリン・ホランダー、シンシア・バーバチア、サンドラ・ハンセン、クンザン・ロスラー、そしてＪＢ・コルソンである。

地球を癒やし、温暖化を止めようと尽力する仏教の先生方は、私にとって特に大切な存在である。仏教クライメート・アクション・ネットワーク（ＢＣＡＮ）のアヤ・サンツシカ、スピリット・ロック瞑想センターのジェームズ・バラッツとスクープ・ニスカー、およびキェンツェ・リンポチェ師である。バークレーのグリーン・アース・サンガの仲間——ナン・パークス、ショーン・マンディング、シーラ・タバート、そしてシャイン・ガーグ——からは勇気をもらった。熱心に気候変動を議論されたヘボン師とキルン・リンポチェ師をお迎えできたこともありがたく思う。

わが家の庭の瞑想小屋は、私が独りになるための場所である。２０１２年それを設計、建ててくれたトム・ラトクリフ、アンドリュー・バット、ハンフリー・ラトクリフ、そして夫のリチャード・カッツに感謝したい。

私の街のリッチモンド芸術センターは、創造力を生かす場である。多くの多才で親切な陶芸家に混じって、仏教と自然からヒントを得つつ粘土で塑像を作っている。作品は、家の庭や囲い、小屋の外に鎮座している。

美しい自然を楽しみつつ原稿を仕上げた、メーザ隠れ宿（訳注：サンフランシスコ近郊の文化村）での2週間を懐かしく思い出す。そこで出会った作家たち――ピーター・バーンズとスーザン・ティレット、クリスチャン・マクイワンとニコル・パールロス――は、親切で、知的好奇心が旺盛な人たちだった。

他の環境活動家と一緒に働くことで、地球温暖化を止めるために、諦めることなく活動する勇気を得られた。政治的知識と活力を分かち合う３５０イーストベイ（訳注：カリフォルニアの環境団体）の皆さん――特にエイミー・アレン、キャシー・ダービン、ジャック・フレック、リチャード・グレー、ケン・ジョーンズ、ジュディ・ポープ、そしてカーラ・ウエスト――ありがとう。一緒に「地中に残そう」ではないか。

隣人たちは、私を元気にし、人生を楽しくしてくれる。特に名前を挙げれば、サンドラとブルース・ビヤート夫妻、マイケル・クザンスとアディ・ギブンズ、イルザとドン・ルイス夫妻、レズリ・ハントマッハー、キャロルとロジャー・クレーン夫妻、ケート・ハープスとデール・ロバーツ、ドナ・ストーンハムとジュリー・ネスティンゲン、スティーブ・シャフラン、ジュディ・キャンフィールド、そしてカレンとアンディ・フィシャー夫妻である。遠くに居ても、親しい友人メリッサ・アップルヤード、ピーター・ラポポートとマーシャ・マーレー、そしてダイアンとフィル・ブラムダー夫妻の応援を感じている。

　息子たち、ダニエルとジェイソンは、私の人生を豊かにし、思いやりと楽しみとともに、心満たされて生きる道を見つけるうえで、助けとなってくれた。孫たち、マックスとティミー、そのお母さんマウラのお蔭で、自分の仏性を感じ、時の流れとその時その一瞬を楽しむことができる。ノーマンとアイリーン、テイラーとジャジャ、そしてカッツ家代々の親戚にも、その愛情と素晴らしい生活に対して感謝したい。

　私の代理人ガラモンド社のライザ・アダムズと、ブルームズベリー出版社の編集担当ナンシー・ミラーに、読者とともに感謝したい。彼らの見識と才能、頑張りと忍耐なくして、この本を世に出すことはできなかったろう。ブルームズベリー社のチーム――ジョージ・ギブソン、サラ・キチン、クリスティーナ・ギルバート、マリー・クールマン、そしてローラ・キーフ――の働きは素晴らしい。

　私の夫、リチャード・カッツには、どれほど感謝してもしきれない。彼は、仏教の旅路で常にそばに居てくれたし、気分が落ち込めば励まし、的確な言葉を教えてくれた。

　感謝の言葉を申し忘れた人も、どうかその貢献は忘れられてはいないことを知ってほしい。なぜなら、皆お互い結びついているのだから。

この本を読んでくださってありがとうございます。万物のために、私たちが癒されるがごとく、
母なる大地が癒されんことを祈ります。

訳者あとがき

かつて宇沢弘文先生は、「経済学は人びとを幸福にできるか」と世に問うたことがある（東洋経済新報社、２０１３年）。本書の答えは、「できるし、できなければ人類も地球も破滅するだろう」というものだ。人びとはお互いに、また大自然と相互に依存しており、万物はインドラの宝網のように一つである。この思想を経済学の中心に据えれば、経済学は人びとを幸福にできる。

ブラウン教授は、「経済実績の測り方は、私たちの価値観を反映しており、私たちがどのように生きるかを決定づける」と看破した。主要国の経済政策は、国内総生産（ＧＤＰ）を物指しとして、自由市場経済学の枠組みのもとで経済が持続的に成長することを目的としている。経済成長は、所得（賃金と利潤）を限りなく伸ばそう、モノとサービスをより多く消費しようする政策である。ＧＤＰはそのような価値観を反映しており、物欲の追求が現代人の生き方を決定している。

いまから半世紀以上も前１９６６年、Ｅ・Ｆ・シューマッハーは、エッセイ「仏教経済学」のなかで、人間よりモノを尊び、創造的活動より消費を重視する現代の経済学者の考え方（例えばガルブレイスの「豊かな社会」）は、真理をさかさまにしたものと痛烈に批判している。

１９７３年に出版された彼の著書『スモール イズ ビューティフル：人間中心の経済学』は世界的なベストセラーになった（エッセイ「仏教経済学」も収録されている）。彼は、わずか5年前には耳にしなかった「公害とか環境問題とかエコロジーなどという言葉が、なぜこんなに突然強調されるようになったのか」と問う。それは工業生産が大成功し、「恵み深い自然がつねに与えてくれる『許容限度』というかけがえのない資本を、人間がどんどん食いつぶしている」ことに気づかないためだという。なお、１９７2年にローマクラブの報告書「成長の限界」が発表されている。

ブラウン教授の議論は、１９７０年代には予想しえなかった21世紀の世界の現状に適合するように、シューマッハーの思想を拡げるとともに、お互いの思いやりを反映し、世界の資源を持続的に分かち合えるような、経済の仕組みづくりを提唱する。仏教経済学のもとで、価値観をモノ重視から人間中心に切り替え、経済システムを組み替えることで、価値あるものを創造し、計測し、評価する。地球を守りつつ、すべての人に生き甲斐を提供できる経済を実現するために、国、企業、個人がとるべき具体的な手順を提唱する。

世界の2つの大きな課題といえば、地球温暖化（環境問題）と所得の不平等（格差問題）だろう。著者の住む米国では、2つの問題が特に深刻に受け止められている。温室効果ガス排出に起因する温暖化は、気候変動により巨大ハリケーンの発生、大規模山火事の頻発など自然災害をもたらす。だが、２０１９年11月４日トランプ大統領は、温暖化防止の国際的枠組み「パリ協定」からの離脱を、国連に通告した。これにより、１年後２０２０年11月４日に米国は正式に離脱することとなる。

米国における富の格差は、１９８０年代レーガン政権以降大きく広がり、２０１４年には人口上位０・１％（１の10分の１）が国富の22％と、下位90％と同じ比率の富を所有している。これは米国社会分断の主因となっており、社会的緊張を生む。また国際非政府組織オックスファムの報告では、世界で最も豊かな富豪26人が貧困層38億人分と同等の資産を保有するという。

日本でも２つの問題が切実になりつつある。２０１８年夏の記録的猛暑は災害級といわれたが、これが当たり前となり、毎年のように超大型台風が列島を襲う。２０１７年７月の九州北部豪雨は24時間に１０００ミリの雨を降らせ、２０１９年の台風19号は千曲川流域をはじめ71の河川で堤防決壊をひき起こした。温暖化対策は、２０１１年の原発事故をきっかけに後退し、石炭火力への依存度が高まっていることから、国際的な批判を浴びている。

所得格差について著者は、「米国、英国、インド、中国で不平等は、欧州諸国の多くと日本に比べて大きく拡大した」と指摘する。事実、所得格差を示すＯＥＣＤのジニ係数は、４ヵ国は０・４ないしそれ以上（悪い）に対し、欧州大陸は概ね０・３ないしそれ以下（良い）、日本は豪州と同じ０・33と中間にある。今後日本で深刻化する格差問題は、現在世代と将来世代の負担の不公平で、国と地方の公的債務１１００兆円、加えて年金純債務が１１００兆円と試算される。これは、将来世代の負担のもとで現役世代が、身の丈以上の分不相応な生活を送っていることを物語る。

国連機関が公表する世界幸福度ランキング２０１９年版によると、日本は１５６ヵ国のうち58位（ＯＥＣＤ36ヵ国のうち32位、米国は19位）だった。幸福度の測り方には議論があるだろうが、公表開始の２０１２年、日本は44位から始まり50位台で推移している。また内閣府による２０１３年の意識調査「今を生きる若者の意識～国際比較からみえてくるもの～」によると、米英独仏など7ヵ国のうち日本の若者は、「将来への希望」と「40歳になったときのイメージ（幸せになっている）」の項目で、他の6ヵ国と比べ20ポイント以上の差で最低の結果である。前述の世代間格差を漠然と感じているのだろうか。

　現在、米国など主要国は、GDPを指標に経済政策の目標として成長を最重視している。ドル・円表示の所得の持続的増加を目指し、政府が基本的に介入しない自由な市場活動がそれを実現するとの自由市場経済学の考え方に立脚する。しかし皮肉なことに、モノの消費極大化で人の幸せ（厚生）を測ろうとする限り、すなわちモノに執着する限り、現行の経済政策は持続可能ではない。

　所得（利益）を生む財・サービスの生産活動において自然（空気、水、環境）はタダで無限であるとの前提に立つが、この「自由財」の基本前提が環境問題で事実上崩れた。経済格差については、自由競争の結果であり自己責任との認識で、勝者総取り（一人勝ち）社会とグローバル競争のもとで、自由市場経済学から解決策となる分配論は出てこず、社会の持続性は危険にさらされる。

　仏教の観点からは、「消費は人間が幸福を得る一手段にすぎず、理想は最小限の消費で最大限の幸福を得ることにある（シューマッハー）」。仏教も物質的豊かさは認めており、ただモノへの執着は否定する。ここで中核となる仏教の教えは相互依存（諸法無我）であり、それは人間だけでなく、大自然とすべての存在に及ぶ。幸せは、物質的欲望の満足（外なる富）から得られず、他者と自然との共存のもと、心満たされた生活をおくる精神的満足（内なる富）にある。

経済政策の目標としてＧＤＰは重大な欠陥（仏教が重視する３つの要素――生活の質（幸せ）、環境（自然）、分かち合い（分配）――の軽視ないし無視）を抱えていることから、仏教経済学ではＧＤＰに代えて、この３要素を織り込んだ新たな経済指標（著者はＵＮ‐ＧＰＩ（国連版「真の進歩指数」を提唱。概要は第７章参照）が必要と教える。まず政産官学が、所得のみならず国民の真の幸せに結びつく経済指標に合意する。政府がその持続的改善・成長を政策目標にし、メディアが報道することで、企業や個々人の行動も変化するだろう。

再生不能な化石燃料（石炭、石油、天然ガス）など自然資源の乱用は減り、循環型経済に移行することで地球温暖化は緩和される。生活の質（ワーク・ライフ・バランス）が重視されれば、長時間労働の削減につながる。経済（所得と富）格差が小さくなれば、新たな経済指標は好転することから、累進課税の強化、最低所得保証などの分配政策が採用されやすくなり、極端な貧富の差は縮小するだろう。

私は、人生の大部分を銀行員、大学教員として、なんらかの形で経済に接しながら過ごしてきた。現役最後の７年間は龍谷大学に奉職した。龍谷大学は、寛永16年（１６３９年）西本願寺に設けられた学寮（僧侶養成学校）が始まりで、３８０年の歴史を有する。私は経済学部所属だったので、仏教と直接関わりはない。それでも入学式、卒業式は数珠持参の仏式で行われるなど、浄土真宗の雰囲気が学内に感じられた。

ある時、研究室でコーヒーを啜りつつ、「仏教の視点で経済学を考えられないか」と思いをめぐらした。仏教は精神的・倫理的領域の思想である一方、経済学は知的・論理的な概念の体系である。換言すれば、仏教と経済学は（一見）お互い相性が悪く、そこで足踏みを余儀なくされた。仏教と経済学ともに生かじりの我が身の悲しさ、特に手がかりを摑めないまま、放り出してしまった。龍大を退職して5年、いまでは社会への恩返しの気持ちも込めて、夏と冬に社会人講座を担当している。そういう時にブラウン教授の『ブッディスト　エコノミックス』に出会った。教授は、私が答えられなかった謎にどのように向き合ったか、第2章で語っている。

本書は、「自分たちを、意のままに略奪する権利を持つ、大自然の主であり支配者であると考えてきた」（教皇フランシスコ）欧米人には、理解するまで抵抗感があるかもしれない。しかし、神道と仏教の文化、伝統、風土に育ってきた私たちにとって、違和感はあまりないと思う。一読して想ったのは、渋沢栄一の『論語と算盤』である。渋沢は、「論語と算盤は甚だ遠くして甚だ近い」ものと考えた。「仁義道徳、正しい道理の富でなければ、その富は完全に永続することができぬ」と述べる。ブラウン教授と明治の大実業家の考えがなんと共鳴することか、驚きを禁じえない。

本書の存在を知ったのは、２０１８年春サンフランシスコに在住する畏友中邑徹君を通してである。彼は、カリフォルニア大学バークレー校のブラウン教授と旧知であり、私に紹介の労をとってくれた。中邑君に心から感謝したい。翻訳作業の過程でブラウン教授は、私の疑問点に対し丁寧に答えてくれた。人名の発音がわからない時には、夫君リチャード・カッツ氏まで巻き込んで、一つ一つ日本語で表記出るよう工夫説明してくれた。ブラウン教授ご夫妻に厚く御礼申し上げる。

なお、読者の便宜のために著者は、情報の出典や環境配慮型経営に関するウェブページなど、原注でＵＲＬを詳細に記載しているが、なかには現在アクセス不能や削除済みのものもある。翻訳にあたっては、原文を尊重してそのまま掲載したことをご了承いただきたい。

昨今の厳しい出版業界にあって、勁草書房の取締役編集長の宮本詳三氏には、本件出版の意義をご理解いただいたのみならず、翻訳が粗くならないよう時間をかけて構わないとの助言も頂戴した。これまでも宮本氏にはお世話になったが、今回もそのご決断なくして本書を日本の読者に提供することはできなかった。衷心より感謝申し上げる。

妻庸子は、日本語草稿を先入観のない目を通して、理解しにくい文脈、難しい表現など貴重なコメントを寄せてくれた。おかげで独りよがりになりがちな翻訳文が、格段にましになったように思う。ありがとさん。なお、翻訳にあたっては著者の意向をくみつつ、正確を心がけたが、誤訳があるかもしれない。それは訳者の全責任であること申し上げるまでもない。

２０１９年初冬　伊豆赤沢にて

村瀬哲司

年まで毎年1,000億ドルを，多様な資金源から動員することを確認した。

33. The Economists for Peace and Securityの会員には，少なくとも18人のノーベル賞受賞者が含まれる。https://www.epsusa.org/index.htm

34. whitewashごまかしとgreen環境をもじった造語。

35. 両社に関しては次のURLを参照のこと。 http://www.workingassets.com/About.aspx; https://www.gbj.or.jp/c-members-green/interface/

36. 日本の社会的企業については，内閣府「我が国における社会的企業の活動規模に関する調査」（平成27年3月）を参照されたい。https://www5.cao.go.jp/kyumin_yokin/shingikai/sanko/shiryou_3_3-1.pdf

37. たとえばワシントンに本部を置く世界資源研究所（WRI）が参考になる。https://www.wri.org/our-work/topics/business

38. RE100は再生可能電力100％を意味し，日本企業も富士通，ソニーなど17社が参加するほか（2019年8月現在），環境省は2018年6月公的機関として世界で初参画した。

39. オバマ政権2015年10月19日 obamawhitehouse.archives.gov/ClimatePledge

40. 国連が支援する責任ある投資6原則（PRI）については次のURL参照のこと。https://www.jis.co.jp/ja/investment/esg.html

41. 環境懸念の投資撤退により，世界的に2019年4月からの半年間石炭株ETF（上場投資信託）は約2割下落，他方，再生エネ関連は1割上昇したと報じられる（2019年11月3日付け日本経済新聞）。

42. 2015年COP21を控え，ダライ・ラマなど5,000人余の仏教徒によって採択された宣言（The Time to Act is Now: A Buddhist Declaration on Climate Change）。第4章の「道徳」を参照されたい。

43. 出典は不明だが，楞伽経《りょうがきょう》に「自他一如，内外一如，所以諸仏自然亦是釈迦牟尼的化身了」とある。

44. オイルサンドから生産される重質原油を，カナダのアルバータ州から米国ネブラスカ州にパイプラインで輸送する計画。2019年3月トランプ大統領は，建設計画をあらためて承認した。

45. 「#exxonknew」は，エクソン社の隠蔽行為に対する司法当局への請願運動で，2018年10月ニューヨーク州で訴訟が提起された（People of the State of New York v. Exxon Mobil Corporation）。エクソン社は2019年9月「Understanding the #ExxonKnew controversy」で反論している。

261. Natalie Sabadish and Lawrence Mishel, "CEO pay and the top 1%," *Economic Policy Institute* online, May 2, 2012.
262. Zeynep Ton, *The Good Job Strategy* (Amazon Publishing, 2014). http://zeynepton.com/book/.
263. Ecological Buddhism, "A Buddhist Declaration on Climate Change," http://www.ecobuddhism.org/bcp/all_content/buddhist_declaration, 2015.
264. Thich Nhat Hanh, *Love Letter to the Earth* (Berkley, CA: Parallax Press, 2013). 240, 572, 627.
265. Bill McKibben, "Exxon Keystone, and the Turn Against Fossil Fuels," *New Yorker*, November 6, 2015.
266. http://www.climatenetwork.org/campaigns.
267. Robert Brulle, "America has been duped on climate change," *Washington Post*, January 6, 2016.
268. Naomi Oreskes and Erik M. Conway, *Merchants of Doubt* (New York: Bloomsbury, 2011)［福岡洋一訳『世界を騙しつづける科学者たち』（上・下）楽工社，2011年］.
269. John Schwartz, "Prssure on Exxon Over Climate Change Intensifies with New Documents," *New York Times*, April 14, 2016; Kate Sheppard, "DOJ Sends Request for Exxon Probe to the FBI," *Huffington Post*, March 3, 2016; Bob Simison, "New York Attorney General Subpoenas Exxon on Climate Research," *Inside ClimateNews*, November 5, 2015.
270. Dalailama.com, "Basic Human Nature is Compassion: His Holiness the Dalai Lama Talks to Students at Kalindi College," Janauary 29, 2015.

訳注

30. "cap and dividend" は，排出権取引制度（"cap and trade" あらかじめ温室効果ガスの排出枠に上限（キャップ）を設定し，排出枠を割り当てられた参加者間の自由な売買（トレード）を認める制度。出所：緑のgoo）を一歩進めて，排出権の価値を取引するのではなく，国民に配当するというもの。
31. カリフォルニア州と米国南西部アリゾナ，コロラド，ニューメキシコ，ユタ4州のメタン放出「ホット・スポット」をNASA航空写真で見ることができる。https://sanfrancisco.cbslocal.com/2014/10/09/mysterious-sources-of-methane-viewed-from-space-makes-central-california-2nd-worst-hot-spot-in-nation-agriculture-nasa-global-warming-fresno-livestock/.
32. 2015年パリ協定（COP21）で先進18ヵ国・機関は，途上国のために2025

246. http://www.interface.com/US/en-US/about/mission/Our-Mission.

247. http://deveng.berkeley.edu/.

248. たとえば，Brent Freeman, "5 Great Companies That Make Money & Do Good," *Inc.*, August 16, 2012; Social Enterprise World Forum 2015, "Social Enterprises from the World: A Deep and Enduring Impact," http://sewf2015.org/social- enterprises-a-deep-and- enduring-social-impact/.

249. Robert G. Eccles et al., "The Impact of Corporate Sutainability on Organizational Processes and Performance," http://www.hbs.edu/faculty/publication%20files/ssrn-id1964011_6791edac-7daa-4603-a220-4a0c6c7a3f7a.pdf.

250. World Resources Institute, "Business," http://www.wri.org/our-work/topics/business.

251. Larry Elliot, "Carney warns of risks from climate change 'tragedy of the horizon,'" *The Guardian*, September 29, 2015.

252. Simon Dietz et al., "Climate value at risk' of global financial assets," *Nature Climate Change* (April 2016). doi: 10.1038/nclimate2972.

253. Ken Silverstein, "Rift Widening Between Energy and Insurance Industries Over Climate Chance," *Forbes*, May 18, 2014.

254. CDP North America online, "Climate Action and Profitability: CDP S&P 500 Climate Change Report 2014," https://www.cdp.net/.

255. http://there100.org/companies.

256. The White House Office of the Press Secretary, "FACT SHEET: White House Anounces Commitments to the American Business Act on Climate Pledge," Whitehouse.gov., October 19, 2015.

257. http://laszlo-zsolnai.net/content/frontiers-business-ethics;http://www.sustainablevaluepartners.com/.

258. Geoffrey M. Heal, "Corporate Social Responsibility—An Economic and Financial Framework," (December 2004). doi: 10.2139/ssrn.642762;
Amy J. Hillman et al., "Shareholder Value, Stakeholder Management, and Social Issues: What's the Bottom Line?" *Strategic Management Journal*, 22 (February 2001), 125-139.

259. William McDonough et al., *The Upcycle* (New York: North Point Press, 2013).

260. http://gofossilfree.org/; http://divestment.org/; http://divestinvest.org/.

publikationen/Heinrich_Bo__ll_Stiftung_decoupling.pdf.

231. Matt Rosenberg, "Negative Population Growth: 20 Countries Have Negative or Zero Natural Increase," About.com, About Education (blog), July 22, 2016.

232. United Soybean Board online, "U.S. soy farmers poised for growth in global animal-feed industry," January 26, 2011, http://unitedsoybean.org/.

233. http://www.ucsusa.org/our-work/food-agriculture/our- failing-food-system/industrial-agriculture#.Vjehn_lVikp.

234. R. M. Aggarwal, "Globalization, Local Ecosystems, and the Rural Poor," *World Development*, 34 (August 2006), 1405-18.doi: 10.1016/j.worlddev.2005.10.011.

235. Food and Agriculture Organization of the United Nations, "Cutting food waste to feed the world," May 11, 2011, http://www.fao.org/news/story/en/item/74192/icode/.

236. William H. Dietz, "The Response of the US Centers for Disease Control and Prevention to the Obesity Epidemic," *Annual Review of Public Health*, 36 (March 2015): 575-96. Doi: 10.1146/annurev-publhealth-031914-122415.

237. Press Association, "Sugar tax' needed to curb childhood obesity, say experts," *The Guardian*, June 22, 2014.

238. Matt Drange, "Soda Industry Pours Millions into Campaign to Defeat Richmond Tax," *NBC Bay Area* online, November 2, 2012.

239. http://www.wavespartnership.org/en/about-us.

240. http://epsusa.org. 読者はhttp://www.epsusa.org/publications/newsletter/newsletter.htm.のフリーニュースレターで短い論文を読むことができる。

241. 紛争や気候問題に関する建設的な対応の仕方については，www.project-syndicate.org. "the world's opinion page" を参照されたい。問題の多くの側面が提示されるが，仏教経済学を反映するものは見つけやすい。

242. Stockholm International Peace Research Institute online, "International arms transfers," http://www.sipri.org/.

243. Niall McCarthy, "Saudi Arabia Has Become The World's Biggest Arms Importer," *Forbes*, March 10, 2015.

244. United Nations Office for Disarmament Affairs Treaties Database Home, "Arms Trade Treaty," http://disarmament.un.org/treaties/t/att.

245. http://workingassets.com/Recipients.aspx.

215. Joseph S. Shapiro and Reed Walker, "Why is Pollution from U.S. Manufacturing Declining?" (September 2015), http://faculty.haas.berkley.edu/rwalker/research/ShapiroWalkerPollutionProductivityTrade.pdf.

216. Robert Reich, *Saving Capitalism* (New York: Knopf, 2015) ［雨宮寛・今井章子訳『最後の資本主義』東洋経済新報社，2016 年］.

217. Atkinson, *Inequality* (Cambridge: Harvard University Press, 2015); Hamilton and Darity, "Can 'Baby Bonds' Eliminate the Racial Wealth Gap in Putative Post-Racial America?" *The Review of Black Political Economy,* 37, October 2010. doi:10.1007/s12114-010-9063-1.

218. Joseph Blasi et al., *The Citizen's Share: Putting Ownership Back into Democracy* (New Haven: Yale University Press, 2014).

219. http://www.ecoshiftconsulting.com/blog/ecoshift-study-ending-new-federal-fossil-fuel-leases-would-keep-450-billion-tons-of-carbon-pollution-in-the-ground/.

220. http://www.claudiakemfert.de/fileadmin/user_upload/pdf/pdf_publikationen/DIW_kompakt_2015.pdf.

221. https://web.stanford.edu/group/efmh/jacobson/Articles/I/susenergy2030.html.

222. http://deepdecarbonization.org/.

223. Sustainable Development Solutions Network, *Pathways to Deep Decarbonization*, September 2015, figure 1, http://deepdecarbonization.org/wp-content/uploads/2015/12/DDPP_EXESUM-1.pdf.

224. International Renewable Energy Agency online, "Solar Photovoltaics," June 2012, http://www.irena.org/.

225. *Planet Energy News* online, "Carbon capture: Miracle machine or white elephant?" September 13, 2015.

226. World Nuclear Association online, "Generation IV Nuclear Reactors," July 2016.

227. James Hansen, *Storms of My Grandchildren: The Truth About the Coming Catastrophe and Our Last Chance to Save Humanity* (New York: Bloomsbury, 2009).

228. OECD online, "Climate Finance in 2013-14 and the USD 100 billion goal," (2015).

229. http://data.worldbank.org/indicator/NY.GDP.PCAP.PP.CD.

230. http://www.claudiakemfert.de/f ileadmin/user_upload/pdf/pdf_

25. 地球の生態系の資源について，生産量・消費量を表す単位。標準的な生産力を持つ地表1ヘクタールが生み出す資源にあたる。https://eow.alc.co.jp
26. GPI計算方法と日本の一人あたりGPIとGDPの比較については，「Genuine Progress Indicatorとその可能性」中野桂・吉川英治共著（酒井泰弘教授退職記念論文集（『滋賀大学彦根論叢』，第357号，2006年1月31日）が参考になる。
27. BLIの日本に関する資料（How' s Life in Japan? 2017年11月発表）は以下のURL参照のこと。https://www.oecd.org/japan/Better-Life-Initiative-country-note-Japan.pdf
28. 「個人の福祉」指標は，生活の満足度，生き甲斐，幸福感，不安感，精神的安定の5つの小項目で構成される。出所：英国国家統計局https://www.ons.gov.uk/peoplepopulationandcommunity/wellbeing/articles/measuresofnationalwellbeingdashboard/2018-04-25
29. ベルテルスマン財団と持続可能な開発ソリューションネットワーク（SDSN）は，J. サックス教授の協力のもと非公式データの形で，2016年から「持続可能な開発目標（SDGs）インデックス&ダッシュボード」を公開している。2019年版では北欧3ヵ国が上位3位を占め，日本は前年と同じ15位となっている。

第7章　仏教経済学への跳躍

208. Anatole Kaletsky, *Capitalism 4.0* (New York: Bloomsbury, 2010).
209. Bank of England online, “Breaking the tragedy of horizon—climate change and financial stability—speech by Mark Carney,” September 29, 2015.
210. Christine Lagarde and Jim Yong Kim, “The Path to Carbon Pricing,” *Project Syndicate*, Octobert 19, 2015.
211. Organization for Economic Co-operation and Development online, “OECD Companion to the Inventory of Support Measures for Fossil Fuels 2015,” September 21, 2015.
212. David Coady et al., “How Large Are Global Energy Subsidies?” *IMF Woking Papers* (May 2015), http://www.imf.org/external/pubs/ft/wp/2015/wp15105.pdf.
213. Peter Barnes, *With Liberty and Dividends for All* (San Francisco: Berrett-Koehler, 2014); http://dividendsforall.net/.
214. Dividends for All, “Potential Revenue Sources,” http://dividendsforall.net/potential-revenue-sources/.

genuine progress," *Ecological Economics,* 93 (2013), 57-68. 米国のGPIデータについては，http://utpop.transitionsaltlake.org/wp- content/uploads/2014/11/Utah_GPI__Report_v74_withabstract.pdfを参照。

204. http://www.oecdbetterlifeindex.org/. 読者はオンラインで独自のBLI集計値を計算できる。各指標の重要度評価を0（低）から5（高）にプラグインすると，プログラムはOECD諸国に単一の値のBLIを提供する。

205. BLIは，サンプル内の36ヵ国の最大と最小の平均値を最初に見つけてから，国の平均値と最小値の差を最大値と最小値の差で割ることにより，各変数を正規化する。個々の変数が正規化された後，BLIは単純平均（均等加重）を使用して，それらを11の指標に集約する。最小値と最大値は年によって異なり，場合によってはサンプルによって異なる。指標の変化を年ごとに比較することはできない。

206. The National Archives Office for National Statistics, "Measuring National Well-being," http://www.ons.gov.uk/ons/guide-method/user-guidance/well-being/index.html; interactive wheel: http://www.neighbourhood.statistics.gov.uk/HTMLDocs/dvc146/wrapper.html.

207. United Nations Sustainable Development Solutions Network, "Preliminary Sustainable Development Goal Index and Dashboard," http://unsdsn.org/resources/publications/sdg-index/. これは予備的なレポートである。最終レポートはオンラインで見ること。

訳注

21. GPIは米国の非政府組織「リディファイニング・プログレス」が，HPIは英国の「ニュー・エコノミクス財団」が開発した指標。

22. ここで包摂的（holistic）とは，単なる「所得」（GDP）に限定せず，「生活の質」，「自然との調和」と「分かち合い」をつつみこむ，という意味。

23. *Harvard Business Review*「仕事は人の幸せにどんな影響を与えるのか――「世界幸福度リポート」から読む」（2017年6月1日号）は次のように説明する。主観的に判断される心身の健康（しばしば大まかに「幸福」と呼ばれる）は，複数の側面から測定できる。生活の質を総合的に自己診断する「キャントリルの階梯」は，（生活における7つの要素を）最高から最低までの11段階で測るギャラップの尺度で，回答者に自分が現在どの段階にいるかをたずねる。https://www.dhbr.net/articles/-/4861

24. J. M. エドワーズとS. ペレが2011年9月に発表した論文タイトルで，福祉概念の2つの傾向を論じる。

が4.8～5.1である。

193. 2010年ドル表示のPPP所得，http://stats.oecd.org/Index.aspx?DataSetCode=PDB_LV.

194. *World Happiness Report*, 2016, Chapter 2, http://worldhappiness.report/ed/2016/.

195. the Economist Onlineから計算，"Inequality and happiness: I dream of Gini," October 12, 2011.

196. Carol Graham, *Happiness Around the World: The Paradox of Happy Peasants and Miserable Millionaires* (Oxford: Oxford University Press, 2012)［猪口孝訳『人類の幸福論』西村書店，2017年］.

197. Diener's Psychological Well-Being Scale, January 2009は，エウダイモニア的幸福（観想的幸福）を測る8項目の質問に，両方の問いを含めている。

198. http://www.happyplanetindex.org/about/. "explore the data" をクリックし，それから本節の説明と計算に使用されるHPI2016データセットとメソッドペーパーをダウンロードする。HPI2016は2012年のデータに基づいており，アトキンソン指標を使用して，平均寿命とキャントリルの階梯の不平等を調整している。HPIの計算には特定の調整とスケーリングが含まれ，最終的にHPIの範囲は0～100である。ブリーフィングペーパーは誤解をまねく可能性があるので頼らないこと。

199. すべての国別データは，HPI2016データセットの "Complete HPI data" タブと "Rank Order" タブから得られる。Jeffrey, K., Wheatley, H., Abdallah, S. (2016). The Happy Planet Index: 2016. A global index of sustainable well-being. London: New Economics Foundation.

200. 1人あたりの持続可能なエコロジカル・フットプリント1.73は，世界人口が70億人強を超えた2012年のデータに基づいている。2050年までに90億人に達すると予想される世界人口の増加に伴い，持続可能なフットプリントは1.73を下回る。https://esa.un.org/unpd/wpp/Graphs/Probabilistic/POP/TOT/.

201. MDGsの目標1から計算。United Nations Department of Economic and Social Affairs online, "The Millennium Goals Report 2014." Data for 2010.

202. GPIは持続可能な経済厚生指標（ISEW）で使用されているアプローチに従っている，H. Daly and J. Cobb, *For the Common Good* (Boston: Beacon Press, 1989), およびNordhaus and Tobin, "Measurement of Economic Welfare," 1972, http://genuineprogress.net/genuine-progress-indicator/による元の研究。

203. Ida Kubiszewski et al., "Beyond GDP: Measuring and achieving global

第６章　生活の質（QOL）を測る

183. Diana Coyle, *GDP: A Brief but Affectionate History* (Princeton: Princeton University Press, 2014)［高橋璃子訳『GDP』みすず書房，2015 年］; Dirk Philipsen, *The Little Big Number: How GDP Came to Rule the World and What to Do About It* (Princeton: Princeton University Press, 2015); Philipp Lepenies, *The Power of a Single Number* (New York: Columbia University Press, 2016).

184. http://www.grossnationalhappiness.com; see detailed 2010 survey report at http://www.grossnationalhappiness.com/wp-content/uploads/2012/04/Short-GNH-Index- edited.pdf.

185. 2010 年には 2 つの不平等指標が作成された。IHDI は 3 つの各次元の国の分布における不平等の HDI を調整し，性別不平等指標（GII）はリプロダクティブヘルス，権限委譲，および労働市場参加における女性と男性の成果の不平等を測定する。2014 年以降は http://hdr.undp.org/en/data for 2014 を参照。

186. Kubiszewski et al., "Beyond GDP: Measuring and Achieving Global Genuine Progress," *Ecological Economics*, September 2013, Sciencedirect.com. の fig. 3（2005 年ドル表示）.

187. ここで「快楽的幸福（hedonic happiness）」は，**主観的な幸福**，あるいは人々が自分自身の生活をどう感じるか（苦しさ，喜び，満足感，「最高」ないし「最低」の生活など）の意味で使う。主観的な幸福に関しては参考資料が多い。（National Research Council, "Subjective Well-Being," 2013.）

188. Jose M. Edwards and Sophie Pelle, "Capabilities for the Miserable, Happiness for the Satisfied," *Journal of the History of Economic Thought*, 33, September 2011. Doi:10.1017/S1053837211000216.

189. James R. Loncoln and Arne L. Kalleberg, *Culture, Control, and Commitment: A Study of Work Organization and Work Attitudes in the U.S. and Japan* (Cambridge: Cambridge University Press, 1990).

190. *World Happiness Report 2016*, figure 2.2 and table 2.1, http://worldhappiness.report/ed/2016/.

191. 国連オンライン「世界幸福度ランキング 2013：*World Happiness Report 2013*」によると，中東と北アフリカだけが範囲外で，もっと不平等だった（0.26）。http://unsdsn.org, fig.2.8.

192. OECD Better Life Index, http://www.oecdbetterlifeindex. org/topics/life-satisfaction/. 平均幸福度は 23 ヵ国が 6.5 ～ 7.3，8 ヵ国が 5.6 ～ 6.1，3 ヵ国

171. Nate Aden, "The Roads to Decoupling: 21 Countries Are Reducing Carbon Emissions While Growing GDP," World Resources Institute, April 5, 2016, World Resources Institute (blog).

172. Jeffrey D. Sachs, *The Price of Civilization: Reawakening American Virtue and Prosperity* (New York: Random House, 2012), chapter 1, page10.

173. United Nations, "Sustainable Development Goals: 17 Goals to Transform Our World," UN.org.

174. Joseph E. Stiglitz, "America in the Way," Columbia University Committee on Global Thought, August 6, 2015, http://cgt.columbia.edu/news/stiglitz-america-in-the-way/.

175. Joseph Stiglitz et al., "In the final hour, a plea for economic sanity and humanity," *Financial Times*, Letters, June 5, 2015.

176. Trading Economics online, "Greece Youth Unemployment Rate."

177. Paul Krugman, "Ending Greece' s Nightmare," *New York Times*, January 26, 2015; "The Conscience of a Liberal," *New York Times*, July 10, 2015.

178. Jeffrey D. Sachs, "Ending the Syrian War," *Project Syndicate*, February 29, 2016.

179. 国連難民高等弁務官事務所（UNHCR）の公式サイトから，世界の難民のデータと分析を得ることができる。http://www.unhcr.org/pages/5694d22b6.html.

180. James Kanter and Sewell Chan, "Europe, Reeling from Strain, Tells Economic Migrants: Don' t Bother," *New York Times*, March 3, 2016.

181. Ashley Fantz and Ben Brumfield, "More than half the nation' s governors say Syrian refugees not welcome," *CNN*, November 19, 2015.

182. George Soros, "Rebuilding the Asylum System," *Project Syndicate*, September 26, 2015.

訳注

18. 外務省仮訳。

19. 英国のエネルギーデータ会社BNEFによれば，2017年中国の再生可能エネルギー投資額は1,326億ドルで，世界の40パーセントを占めた。

20. 2018年8月ギリシャは8年に及ぶ欧州連合（EC）からの金融支援を脱却した。2017年には3年ぶりにプラス成長に回復した（2018年8月20日付け日本経済新聞電子版）。

年].

159. M. Reich et al., "Minimum Wages Across State Borders," *Review of Economics and Statistics*, 2010.

160. Wikipedia, "List of countries by GDP (ppp) per capita," accessed March 6, 2016. 極度の貧困の閾値は，世界価格が再計算されるときに調整される。Francisco Ferreira, "The international poverty line has just been raised to $1.90 a day, but global poverty is basically unchanged. How is that even possible?" Worldbank. org, October 4, 2015 を参照。

161. United Nations Department of Economic and Social Affairs online, "The Millennium Development Goals Report 2015."

162. United Nations Sustainable Development Knowledge Platform, http://sustainabledevelopment.un.org/content/documents/7891Transforming%20Our%20World.pdf.

163. Jeffrey Sachs, *The Age of Sustainable Development* (New York: Columbia University Press, 2014) は，国が貧しい７つの理由を分析する。

164. William Easterly, *The Tyranny of Experts: Economists, Dictators, and the Forgotten Rights of the Poor* (New York: Basic Books, 2014).

165. UN Millennium Project, "The 0.7% target: An in-depth look," http://www.unmillenniumproject.org/press/07.htm.

166. United Nations Development Programme, *Human Development Report 2007/2008*, UNDP.org.

167. Nick Watts et al., "Health and climate change: policy responses to protect public health," *The Lancet*, 386, November 2015. doi: http://dx.doi.org/10.1016/S0140-6736(15)60854-6.

168. Luke Mills and Angus McCrone, "Clean Energy Investment by the Numbers—End of Year 2015," https://www.bnef.com/dataview/cleanenergy-investment/index.html.

169. 炭素排出量（2013年以降）はPBL Netherlands Environmental Assessment Agency, "Trends in Global CO_2 Emissions: 2014 Report," http://edgar.jrc.ec.europa.eu/news_docs/jrc-2014-trends-in-global-co2-emissions-2014-report-93171.pdf; GDPと人口（2015年）はhttps://en.wikipedia.org/wiki/World_economy.

170. Oxfam Media Briefing, "Extreme Carbon Inequality," December 2, 2015, Oxfam.org.

15. http://www3.epa.gov/carbon-footprint-calculator/

16. https://www.cgdev.org/publication/dataset-vulnerability-climate-change

17. トランプ米大統領は，2019 年 11 月 4 日国連に対しパリ協定離脱を正式通告した。通告から 1 年後，2020 年 11 月 4 日米国は離脱することとなる。

第５章　豊かな人と貧しい人の共栄

147. United Nations Sustainable Development Knowledge Platform online, "Transforming our world: the 2030 Agenda for Sustainable Development."

148. Anthony B. Atkinson (2012), "Public Economics After the Idea of Justice," *Journal of Human Development and Capabilities,* 13, July 2012, 521-536. doi: 10.1080/19452829.2012.703171.

149. たとえばH. Doucouliagos and M. Paldam, "Conditional Aid Effectiveness: A Meta-Analysis," *Journal of International Development*, 21, January 2009, 1582-1601.

150. Oxfam Research Brief, "Wealth: Having It All and Wanting More," Oxfam.org. January 2015. Based on the Forbes billionaires list 2002-2014, http://www.forbes.com/billionaires/.

151. Ibid.

152. Globalinequality (blog), "National vices, global virtue: Is the world becoming more equal?" December 22, 2014. Data for 2011, 2008, and 1988.

153. Oxfam International online, "Working for the Few: Political capture and economic inequality," January 2014.

154. Oxfam International online, "Income of richest 100 people enough to end poverty four times over," January 18, 2013. 国連は，極貧を所得 1.25 ドル/日（2005 年ドル）以下と定義付けた。ただし，極貧の境界線は物価によって調整される。

155. Joseph Stiglitz, *The Price of Inequality: How Today's Divided Society Endagers Our Future* (New York: Norton, 2013).

156. Tina Rosenberg, "Guiding a First Generation to College," Opinionator, *New York Times*, April 26, 2016.

157. Robert J. Shiller, "Better Insurance Against Inequality," *New York Times*, April 12, 2014.

158. Anthony B. Atkinson, *Inequality* (Cambridge, MA: Harvard University Press, 2015)［山形浩生・森本正史訳『21 世紀の不平等』東洋経済新報社，2015

142. パリ協定の全文はhttp://www.cop21.gouv.fr/wp-content/uploads/2015/12/l09r01.pdfで見られるかもしれない。

143. Coral Davenport et al., “Inside the Paris Climate Deal,” *New York Times*, December 12, 2015.

144. http://ig.ft.com/sites/climate-change-calculator/. もう一つ，地球のためのより詳細な計算機能が http://tool.globalcalculator.org/globcalc.html?levers=22rfoe2e13be1111c2c2c1n31hfjdcef222hp233f211111fn2211111111/dashboard/enで利用できる。

145. これらの図は2013年ドル表示である。http://web.stanford.edu/group/efmh/jacobson//Articles/I/CountriesWWS.pdf.

146. http://www.epa.gov/cleanpowerplan/clean-power-plan-existing-power-plants.

訳注

6. OECD「開発協力報告2016 ――ビジネス機会としての持続可能な開発目標」掲出の多国籍企業のためのガイドライン。西洋医学のヒポクラテスの誓いが語源と思われる。

7. ハイテク用語集によると，バイオマスは一般的には植物の光合成によって作り出される再生可能な生物由来の有機性資源のことで，化石資源を除いたものを指す。

8. 経済産業省「CCS政策を取り巻く状況」によると，2018年3月現在世界で22の大規模CCSプロジェクトが運転・建設中である。

9. http://climate.nasa.gov/interactives/global_ice_viewer.

10. https://www.theguardian.com/us/environment.

11. エール大学教授で，炭素税を提唱した功績で2018年ノーベル経済学賞を受賞。ノードハウス氏と異なる立場のニコラス・スターン氏，マーチン・ワイツマン氏の環境経済学者が評価されなかったのは公平性に欠けるとの批判がある。(「ノーベル経済学賞選考は妥当か　ある有力候補の悲劇」2019年10月15日付け日本経済新聞電子版)

12. WWF（世界自然保護基金）の説明によると，人間の需要と，地球の生態系の再生能力のバランスをわかりやすく説明する持続可能性の評価指標で，日本の「環境基本計画」でも参考指標の一つとなっている。

13. http://waterfootprint.org/en/resources/interactive-tools/

14. http://www.wwf.org.au/our_work/people_and_the_environment/human_footprint/footprint_calculator/

127. Associated Press, "Dalai Lama says strong action on climate change is a human responsibility," *The Guardian*, October 20, 2015.

128. http://gbccc.org/.

129. Environmental and Energy Study Institute, "Fact Sheet: Faith Organizations and Climate Change," http://www.eesi.org/papers/view/fact-sheet-faith-organizations-and-climate-change.

130. International Islamic Climate Change Symposium, "Islamic Declaration on Global Climate Change," https://www.islamic-relief.org/islamic-climate-change-declaration-on-global-climate-change/.

131. Mike Berners-Lee and Duncan Clark, "What' s the carbon footprint of...the Iraq war?" *The Guardian*, July 8, 2010.

132. Matthew Lee, "Climate change world' s 'most fearful' weapon of mass destruction: Kerry," *CTV News*, February 16, 2014.

133. Oxford study based on British diets, Peter Scarborough et al., "Dietary greenhouse gas emissions of meat-eaters, fish-eaters, vegetarians and vegans in the UK," *Climatic Change*, 2014. doi: 10.1007/s10584-014-1161-1.

134. Gidon Eshel et al., "Land, irrigation water, greenhouse gas, and reactive nitrogen burdens of meat, eggs, and dairy production in the United States," *PNAS*, 111, February 2014. doi: 10.1073/pnas.1402183111.

135. Thich Nhat Hanh, *Love letter to the Earth* (Berkley, CA: Parallax Press, 2013), 82.

136. Clark, Duncan, "Which nations are most responsible for climate change?" The ultimate climate challenge FAQ, *The Guardian*, April 21, 2011.

137. Calculated from World Resources Institute CAIT Climate Data Explorer: Historic Emissions. http://cait.wri.org/.

138. Calculated from: Clark, Duncan, "Which nations are most responsible for climate change?" The ultimate climate challenge FAQ, *The Guardian*, April 21, 2011.

139. Mike Ramsey, "Tesla Presses Its Case on Fuel Standards," *Wall Street Journal*, August 2, 2015.

140. Marshall Burk and Solomon M. Hsian et al., "Global non-linear effect of temperature on economic production," *Nature*, 527, November 2015. doi: 10.1038/nature15725.

141. http://sixfoundations.org/.

117. John S. Dryzek, Richard B. Norgaard, and David Schlossberg, *Climate-Challenged Society* (Oxford: Oxford University Press, 2013).

118. http://www.econ.yale.edu/~nordhaus/homepage/documents/DICE_Manual_103113r2.pdf.

119. 割引率について簡単に説明しよう。将来の所得（資金）の流れを評価する際，将来のドルを現在のドルと等価にするため，将来のドルを「割り引く」。もしあなたが1ドル貰えるとして，今日あるいは1年後，いつ受け取るかと聞かれれば，通常すぐに貰いたいと言うだろう。もし，5パーセントの利息をつけると（信頼できる）提案があれば，あなたは1年後1.05ドルを受け取る選択をするかもしれない。この理由から，将来の資金の流れは，その現在価値に引き直すために，利子率で割り引かれる。たとえば，炭素排出削減計画の今後50年間の便益が年100ドルとすれば，もし将来の資金（ドル）の流れを割り引かなければ，50年間の便益の現在価値（今日の価値）は5,000ドルである。1パーセントの割引率を適用すれば，現在価値は3,920ドルに下がり，5パーセントの割引率ではさらに1,826ドルに下がる。

120. IPCC Fifth Assessment Report, http://www.ipcc.ch/report/ar5/wg2/docs/WGIIAR5_SPM_Top_Level_Findings.pdf, chart on page 3.

121. Robert S. Pindyck, "Climate Change Policies: What Do the Models Tell Us?" *Journal of Economic Literature,* 51, September 2013. doi: 10.1257/jel.51.3.860.

122. Citi GPS, "Energy Darwinism II: Why a Low Carbon Future Doesn' t Have to Cost the Earth," https://www.citi-velocity.com/citigps/ReportSeries.action?recordId=41.

123. The Economist Intelligence Unit, "The cost of inaction: Recognizing the value at risk from climate change," *The Economist,* 2015.

124. 資料はhttps://s3.amazonaws.com/documentcloud.org/documents/2105201/laudato-si-inglese.pdfから無料でダウンロードできる。

125. エコロジカル・フットプリントは，消費される食糧と資源を生産し，廃棄物を吸収し，インフラストラクチャーにスペースを提供するために必要なすべての農地，森林，漁場の合計である。http://www.footprintnetwork.org/en/index.php/GFN/; http://www.footprintnetwork.org/en/index.php/GFN/page/living_planet_report_2014_facts/. フットプリント測定の概要については，http://www.epa.gov/sustainability/analytics/environmental-footprint.htmを参照。

126. Dalailama.com. "A Buddhist Concept of Nature."

103. Alexandra S. Richey et al., "Quantifying renewable groundwater stress with GRACE," *Water Resources Research,* 51, July 2015. doi: 10.1002/2015WR017349.

104. http://www2.epa.gov/cira.

105. *National Geographic* online, "Mass Extinctions."

106. Gerardo Ceballos et al., "Accelerated modern human-induced species losses: Entering the sixth mass extinction," *Science Advances*, 2015. doi: 10.1126/sciadv.1400253.

107. Mark C. Urban, "Accelerating extinction risk from climate change," *Science,* 384, no. 6234, May 2015. doi: 10.1126/science.aaa4984.

108. James Hansen, *Storms of My Grandchildren: The Truth About the Coming Catastrophe and Our Last Chance to Save Humanity* (New York: Bloomsbury, 2009).

109. http://cdiac.ornl.gov/pns/current_ghg.html. さらに長い期間については, https://www3.epa.gov/climatechange/pdfs/print_ghg-concentration.pdfを参照。

110. Colin N. Waters et al., "The Athropocene is functionally and strategically distinct from the Holocene," *Science,* 352, no. 6269, January 2016. doi: 10.1126/science.aad2622.

111. Samuel Randalls, "History of the 2 degrees C climate target," *WIREs Climate Change,* 1, July 2010. doi: 10.1002/wcc.62.

112. Christophe McGlade and Paul Ekins, "The geographical distribution of fossil fuels unused when limited global warming to 2℃," *Nature,* 517, January 2015. doi: 10.1038/nature14016; Bill McKibben, "Global Warming's Terrible New Math," *Rolling Stone*, July 19, 2012.

113. Lizzie Wade, "This Is What the World Will Look Like After Climate Change," *Mother Jones*, September 8, 2015.

114. Bjorn Lomborg, *Cool It: The Skeptical Environmentalist's Guide to Global Warming* (New York: Vintage, 2010)［山形浩生訳『地球と一緒に頭も冷やせ！』ソフトバンククリエイティブ，2008年］.

115. Peter Daniels, "Climate Change, Economics, and Buddhism—Part 1: An Integrated Enviromental Analysis Framework" and "Part 2: New Views and Practices for Sustainable World Economics," *Ecological Economics,* 69, 2010, 952-972.

116. Herman Daly, *Steady-State Economics*, 2nd ed. (Washington, DC: Island Press, 1991).

Emissions," Global-greenhouse-warming.com.

88. James Hansen, *Storms of My Grandchildren: The Truth About the Coming Catastrophe and Our Last Chance to Save Humanity* (New York: Bloomsbury, 2009).

89. http://www3.epa.gov/blackcarbon/basic.html.

90. World Health Organization online, "7 million premature deaths annually linked to air pollution," March 25, 2014.

91. リアルタイムの大気の質指標は、以下のオンラインで入手できる。http://aqicn.org/map/india/.

92. Sugam Pokharel, "This Indian city has the world's worst air," *CNN Money*, April 14, 2015.

93. Pilita Clark, "Carbon capture: Miracle machine or white elephant?" *Financial Times*, September 9, 2015; Ian Austen, "Technology to Make Clean Energy From Coal Is Stumbling in Practice," *New York Times*, March 29, 2016.

94. Eli Kintisch, "Sucking carbon from the sky may do little to slow climate change," *Science*, August 3, 2015.

95. Quoctrung Bui, "U.S. Is The World' s Largest Producer Of Natural Gas. Here's What That Means," *Planet Money, NPR*, October 17, 2013.

96. https://web.stanford.edu/group/efmh/jacobson/Articles/I/NatGasVsWWS&coal.pdf.

97. E. M. Fischer and R. Knutti, "Anthropogenic contribution to global occurrence of heavy-precipitation and high-temperature extremes," *Nature Climate Change,* 5, 560-564 (2015). doi:10.1038/nclimate2617.

98. http://climate.nasa.gov/evidence/.

99. Will Stephen et al., "Planetary boundaries: Guiding human development on a changing planet," *Science*, January 15, 2015, doi: 10.1126/science. 1259855.

100. Michael Zemp et al., "Historically unprecedented global glacier decline in the early 21st century," *Jounal of Glaciology,* 61 (September 2015): 745-762. doi: http://dx.doi.org/10.3189/2015JoG15J017. The dataset on glacier variations includes 42,000 data points since 1600.

101. 読者はhttps://sealevel.nasa.gov/でNASAの最新情報を入手できる。

102. United Nations Environment Programme online, "Water withdrawal and consumption: the big gap," *Vital Water Graphics*, http://www.unep.org/dewa/vitalwater/article42.html.

costofwar/costs.

75. Jiaquan Xu, M. D. et al, “Deaths: Final Data for 2013,” *National Vital Statistics Report,* 64, February 2016.

76. Barbara O'Brien, “War and Buddhism,” About.com.

77. Dalailama. com, “The Reality of War.”

78. Thich Nhat Hanh, *Love Letter to the Earth* (Berkley, CA: Parallax Press, 2013), 69.

79. Raj Chetty and Nathaniel Hendren, “The Impacts of Neighborhoods on Intergenerational Mobility,” http://www.equality-of-opportunity.org/images/nbhds_exec_summary.pdf.

80. Raj Chetty, Nathaniel Hendren, and Lawrence Katz, “The Effects of Exposure to Better Neighborhoods on Children,” http://www.equality-of-opportunity.org/images/mto_exec_summary.pdf.

訳注

3. 原語satisficing「まあこれでいいか」はsatisfyとsufficeの造語とされる。

4. ネットで見ることができる。訳者がかつて滞在したフロリダ州中部の郡は，5段階の下から2番めだった。

5. 諸行無常，諸法無我（四法印の言葉）を意味すると思われる。

第4章　人と環境の相互依存

81. John S. Dryzek et al., *Climate-Challenged Society* (New York: Oxford University Press, 2013).

82. “195 countries adopt the first universal climate agreement,” http://www.cop21.gouv.fr/en/195-countries-adopt-the-first-universal-climate-agreement/.

83. http://www.ipcc.ch/.

84. James Hansen, *Storms of My Grandchildren: The Truth About the Coming Catastrophe and Our Last Chance to Save Humanity* (New York: Bloomsbury, 2009)［枝廣淳子監訳，中小路佳代子訳『地球温暖化との闘い』日経BP社，2012年］; Bill McKibben, *The End of Nature* (New York: Random House, 1989).

85. http://www3.epa.gov/climatechange/ghgemissions/global.html.

86. Ibid.

87. Madeleine Rubenstein, “Emissions from the Cement Industry,” *State of the Planet*, Earth Institute, Columbia University blog, May 9, 2012; “Cement CO_2

online, September 2014.

59. Richard Wilkinson and Kate Pickett, *The Spirit Level: Why Greater Equality Makes Societies Stronger* (New York: Bloomsbury, 2009).

60. Easterlin et al. (2015)とは逆に，Stevenson and Wolfers (2009) も，各国で主観的幸福の尺度と所得が正の相関関係にあることを示している。

61. Plato, *The Republic* (360 BCE)［藤沢令夫訳『国家』（上・下）岩波文庫，初版 1979 年，改版 2009 年］，http://classics.mit.edu/Plato/republic.html.

62. Rawls, *A Theory of Justice* (1971, 1999)［川本隆史・福間聡・神島裕子訳『正義論』紀伊國屋書店，2010 年］.

63. http://www.people-press.org/files/legacy-questionnaires/1-23-14%20Poverty_Inequality%20topline%20for%20release.pdf.

64. この研究は，1994 年～2013 年にかけ大企業（時価総額）1,500 社のデータを，小企業の収益と比較したもの。Susan Adams, "The Highest-Paid CEOs Are The Worst Performers, New Study Says," *Forbes*, June 16, 2014.

65. Robert H. Frank, *Luxury Fever, Weighing the Cost of Excess*, (Princeton: Princeton University Press, 2010).

66. Nelson D. Schwartz, "In an Age of Privilege, Not Everyone Is in the Same Boat," *New York Times*, April 23, 2016.

67. Brown, *American Standards of Living*, 1994. Data are from Consumer Expenditure Survey, http://www.bls.gov/cex/.

68. Robert H. Frank, *Falling Behind: How Rising Inequality Harms the Middle Class* (University of California Press, 2007)［金森重樹監訳『幸せとお金の経済学』フォレスト出版，2017 年］.

69. Organization for Economic Co-operation and Development online, "Average annual hours worked per worker."

70. Robert S. Lynd and Helen Merrell Lynd, *Middletown: A Study in Modern American Culture* (San Diego: Harcourt, 1929) , 7, 87.

71. http://www.un.org/millenniumgoals/poverty.shtml.

72. The Lancet Commission on Global Surgery, April 28, 2015, http://www.thelancet.com/commissions/global-surgery.

73. http://www.grossnationalhappiness.com/.

74. Blimes and Stiglitz, *The Three Trillion Dollar War: The True Cost of the Iraq Conflict* (New York: Norton, 2008)［楡井浩一訳『世界を不幸にするアメリカの戦争経済』徳間書店，2008 年］; http://www.watson.brown.edu/

Counting Kindness Intervention," NIH Public Access Author Manuscript, *J Happiness Stud.*, September 2006.

45. Alex Dickson, "Kindness Makes You Happy...and Happiness Makes You Kind," Greater Good Science Center, UC Berkley, September 6, 2011.

46. Dalai Lama, *The Art of Happiness,* 10th *Anniversary Edition: A Handbook for Living* (New York, Riverhead, 2009), 22-23.

47. *Ibid.*, 89.

48. Pew Research Center online, "Raising Kids and Running a Household: How Working Parents Share the Load," November 4, 2015.

49. Gretchen Rubin, *The Happiness Project* (New York, Harper, 2009)［花塚恵訳『人生は「幸せ計画」でうまくいく！』サンマーク出版，2010 年］; Marie Kondo, *The Life Changing Magic of Tidying Up* (New York, Ten Speed Press, 2014).

50. Barry Schwartz, *The Paradox of Choice: Why More Is Less* (New York: Harper Perennial, 2004)［瑞穂のりこ訳『なぜ選ぶたびに後悔するのか』ランダムハウス講談社，2004 年］.

51. Sendhil Mullainathan and Eldar Shafir, *Scarcity: Why Having Too Little Means So Much* (New York: Times Books, 2013)［大田直子訳『いつも「時間がない」あなたに』早川書房，2015 年］.

52. Mark Bittman, "No Justice, No...Anything," *New York Times*, May 13, 2015.

53. Christopher F. Schuetze, "Superyachts to the Rescue," *New York Times*, January 16, 2015.

54. Richard E. Easterlin et al. "The Happiness – Income Paradox Revisited," *Proceedings of the National Academy of Sciences of the United States of America*, 107.52 (2010): 22463-68. *PMC*. Web. February 9, 2015.

55. Daniel Gilbert, *Stumbling on Happiness* (New York: Knopf, 2006)［熊谷淳子訳『幸せはいつもちょっと先にある』早川書房，2007 年］.

56. Richard Wilkinson and Kate Pickett, *The Spirit Level: Why Greater Equality Makes Societies Stronger* (New York: Bloomsbury, 2009)［酒井泰介訳『平等社会』東洋経済新報社，2010 年］.

57. Eduardo Porter, "Income Inequality Is Costing the U.S. on Social Issues," *New York Times*, April 28, 2015.

58. Alice Chen, Emily Oster, and Heidi Williams, "Why Is Infant Mortality Higher in the US than in Europe?" The National Bureau of Economic Research

34. Juliet Schor, *The Overspent American: Why We Want What We Don't Need* (New York: Harper Perennial, 1999).

35. 本書「仏教経済学」は，特に次の人たちの開発経済学と環境経済学の著書，および仏教の教えに負うところが大きい。Work by development economists, notably Amartya Sen and his work on capabilities (*Development as Freedom*, Knopf, 1999), work by ecological economists (Herman Daly), and Buddhism as taught by Anam Thubten in *Magic of Awareness* (Snow Lion Publications, 2012). See also the excellent framework for a Buddhist economics approach in Peter Daniels, "Climate change, economics, and Buddhism—Part I: An integrated environmental analysis framework."

36. http://fortune.com/global500/.

37. Daniel Gilbert and Justin Scheck, "Big Oil Feels the Need to Get Smaller," *Wall Street Journal*, November 2, 2014.

38. Oxfam Research Brief, January 2015, https://www.oxfam.org/en/research/wealth-having-it-all-and-wanting-more. Based on Credit Suisse Global Wealth Databook, 2014, https://www.credit-suisse.com/uk/en/news-and-expertise/research/credit-suisse-research-institute/publications.html.

39. Emmanuel Saez and Gabriel Zucman, "Wealth Inequality in the United States Since 1913: Evidence from Capitalized Income Tax Data," National Bureau of Economic Research, October 2014.

40. Matthews (2014).

41. "The Symbolism of the Traditional Temple," Kadampa.org, August 1, 1997.

訳注

2. 訳出には「『アリストテレス「ニコマコス倫理学」を読む』前編--エウダイモニア，幸福，最高善」http://c-c-a.blog.jp/archives/51939597.htmlを参照した。

第３章　人と人の相互依存

42. "Indra's Jewel Net: A Metaphor for Interbeing," About.com, February 25, 2016.

43. Samuel Bowles and Herbert Gintis, *A Cooperative Species: Human Reciprocity and Its Evolution* (Princeton: Princeton University Press, 2011)［大槻久・波多野礼佳・稲葉美里・竹澤正哲・高橋伸幸訳『協力する種』NTT出版，2017年］.

44. Keiko Otake et al., "Happy People Become Happier Through Kindness: A

2013)［楡井浩一・峯村利哉訳『世界の 99% を貧困にする経済』徳間書店，2012 年］; Anthony B. Atkinson, "Economics as a Moral Science, " *Economica*, special issue, edited by Amos Witzum and Frank Cowell (Wiley), October 2009, 76 (s1), 791-804; Sam Bowles, *The Moral Economy* (New Haven: Yale University Press, 2016)［植村博恭・磯谷明徳・遠山弘徳訳『モラル・エコノミー』NTT 出版，2017 年］; Jeffrey Sachs, *The Price of Civilization* (New York, Random House, 2012)［野中邦子・高橋早苗訳『世界を救う処方箋』早川書房，2012 年］.

第２章　仏教経済学とは何か

21. Ven. P. A. Payutto, "Buddhist Economics: A Middle Way for the Market Place," *Urban Dharma*, 1994, 3, 11.

22. Dzongsar Khentse Rinpoche teaching at UC Berkley, July 19, 2015.

23. Barry Commoner, *The Closing Circle: Nature, Man, and Technology* (New York: Random House, 1971)［安部喜也・半谷高久訳『なにが環境の危機を招いたか』講談社，1972 年］.

24. Aristotle, *The Nicomachean Ethics*, Oxford edition, Book 10, 18.

25. *Ibid.*, 193.

26. Dalai Lama, *The Art of Happiness*. The entire book is relevant. Part I provides an overview.

27. Dalai Lama, *Ethics for the New Millennium* (New York, Riverhead, 1999), 16.

28. *Ibid.*, 99.

29. *Ibid.*, 61.

30. "The story of two arrows: Physical pain is inevitable but the mental pain is optional," *Wisdom through Mindfulness* (blog), January 15, 2012.

31. Shantideva, *The Way of the Bodhisattva* (Boulder, CO: Shambala, 2008), 16.

32. 八正道（Buddha' s eightfold path）とは，正しい見解（正見），正しい思惟（正思），正しい言語行為（正語），正しい行為（正業），正しい生活（正命），正しい努力（正精進），正しい想念（正念），正しい精神統一（正定）の８つを言う（出所：ブリタニカ国際大百科事典小項目事典），http://buddhism.about.com/od/theeightfoldpath/a/eightfoldpath.htm を参照．

33. Samuel Bowles, *The Moral Economy: Why Good Incentive Are No Substitute for Good Citizens* (New Haven: Yale University Press, 2016), chapter 2.

Meditation," *Scientific American*, July 1, 2013.

15. Richard J. Davidson and Antoine Lutz, "Buddha's Brain: Neuroplasticity and Mediation," NIH Public Access Author Manuscript, *IEEE Signal Process Mag.*, September 23, 2010.

16. 教授がマインドフルネス瞑想法に関して勧める本の著者は次のとおり：Pema Chödrön, Ronald Siegel, Jack Kornfeld, Jon Kabat-Zinn, and Thich Nhat Hanh.

訳注

1. 2015 年英誌『ネイチャー・コミュニケーションズ』に発表された研究論文は，「現在地球は 6 度目の大量絶滅期にあり，人間を含むすべての種が危機にさらされている」と警告した。

第 1 章　なぜ包摂的な経済モデルが必要か

17. Atkinson (2009); Hendren (2014).

18. Peter Singer, *Famine, Affluence, and Morality* (New York, Oxford University Press, 2015)〔児玉聡訳『飢えと豊かさと道徳』勁草書房，2018 年〕.

19. A. B. Atkinson, "Economics as a Moral Science," Economica 76 (October 2009): 791-804; doi: 10.1111/j.1468-0335.2009.0078.x; Michael J. Sandel, "Market Reasoning as Moral Reasoning: Why Economist Should Re-engage with Political Philosophy, *Journal of Economic Perspectives,* 27, Fall 2013, 121-140. doi: 10.1257/jep.27.4.121.

20. George A. Akerlof and Rachel E. Kranton, *Identity Economics* (Princeton: Princeton University Press, 2011)〔山形浩生・守岡桜訳『アイデンティティ経済学』東洋経済新報社，2011 年〕; Angus Deaton, *The Great Escape* (Princeton: Princeton University Press, 2015)〔松本裕訳『大脱出』みすず書房，2014 年〕; Paul Krugman, *The Conscience of a Liberal* (New York: Norton, 2009)〔三上義一訳『格差はつくられた』早川書房，2008 年〕; Thomas Piketty, *Capital in the Twenty-First Century* (Cambridge, MA: Harvard University Press, 2014)〔山形浩生・守岡桜・森本正史訳『21 世紀の資本』みすず書房，2014 年〕; Wojciech Kopczuk, Emmanuel Saez, and Jae Song, "Earnings Inequality and Mobility in the United States: Evidence from Social Security Data Since 1937," *Quarterly Journal of Economics* 125(1), 2010, 91-128; Amartya Sen, *Development as Freedom* (New York: Knopf, 1999)〔石塚雅彦訳『自由と経済開発』日本経済新聞社，2000 年〕; Joseph Stiglitz, *The Price of Inequality* (New York: Norton,

注釈

序

1. Dalai Lama, *The Art of Happiness, 10th Anniversary Edition: A Handbook for Living* (New York, Riverhead, 2009), 95.

2. Christopher F. Schuetze, "Superyachts to the Rescue," *New York Times*, January 16, 2015.

3. Anthony Atkinson, Thomas Piketty, and Emmanuel Saez, "Top Incomes in the Long Run of History," *Journal of Economic Literature*, 49 (1), 2011, 3-71, series maintained in the World Top Incomes Database, https://www.parisschoolofeconomics.eu/en/news/the-top-incomes-database-new-website/

4. Atkinson et al., *JEL* (2011); Stiglitz (2012); Frank (2007).

5. Oxfam International, "Wealth Having it All and Wanting More," January 2015.

6. Anthony Atkinson, Thomas Piketty, and Emmanuel Saez, "Top Incomes in the Long Run of History," *Journal of Economic Literature*, 49, 2011, 3-71, doi: 10.1257/jel.49.1.3.

7. Dalai Lama, *The Art of Happiness, 10th Anniversary Edition: A Handbook for Living* (New York, Riverhead, 2009), 54.

8. http://www.spiritualityandpractice.com/books/excerpts.php?id=16195.

9. Dalai Lama, *Ethics for the New Millennium* (New York, Riverhead, 1999), 20.

10. The Harvard Medical School HEALTHbeat email newsletter of June 14, 2014, provides a mindfulness meditation exercise in four steps and has a booklet: *Positive Psychology: Harnessing the Power of Happiness, Mindfulness, and Inner Strength.*

11. Berkley Wellness online, "Meditation for Your Brain and Body," April 4, 2016.

12. Shauna Shapiro, "How Meditation Changes the Brain," Greater Good Science Center video, 6:09. Posted June 2014; Rick Hanson, "How to Change Your Brain," Greater Good Science Center video, 4:06. Posted December 2013.

13. Ronald D. Siegel, *The Mindfulness Solution: Everyday Practices for Everyday Problems* (New York: Guilford Press, 2010).

14. Christoph Koch, "Neuroschientists and the Dalai Lama Swap Insights on

サ行

索引

著者略歴

クレア・ブラウン（Clair Brown）

カリフォルニア大学バークレー校経済学教授
労働・技術・社会研究センター所長、（元）労働雇用研究所所長、
同志社大学ITECオムロン・フェロー
ウェルズリー大学卒業、メリーランド大学でPh.D.取得
主な研究分野：労働経済学
主著：*American Standards of Living:1918-1988*（『米国の生活水準：1918-1988』）など

訳者略歴

村瀬　哲司（むらせ　てつじ）

1945年　吉林（旧満州）生まれ
1968年　一橋大学商学部卒業
2001年　京都大学学位取得、博士（経済学）
東京銀行、東京三菱銀行調査部長、京都大学国際交流センター教授、
龍谷大学経済学部特別任用教授を経て、
現在、京都大学名誉教授、龍谷大学客員講師、国際通貨研究所上席客員研究員

主著　『アジア安定通貨圏』勁草書房、2000年
　　　A Zone of Asian Monetary Stability, Asia Pacific Press, 2002
　　　『東アジアの通貨・金融協力』勁草書房、2007年
翻訳　『マルクの幻想―ドイツ連銀の栄光と苦悩』ディーター・バルクハウゼン著、日本経済新聞社、1993年
監訳　『ユーロへの挑戦』ハンス・ティートマイヤー著、京都大学学術出版会、2007年

仏教経済学
暗い学問―経済学―に光明をあてる

2020年2月20日　第１版第１刷発行
2022年9月20日　第１版第２刷発行

著　者　クレア・ブラウン
訳　者　村《むら》　瀬《せ》　哲《てつ》　司《じ》
発行者　井　村　寿　人

発行所　株式会社　勁《けい》　草《そう》　書　房
112-0005 東京都文京区水道2-1-1　振替 00150-2-175253
（編集）電話 03-3815-5277／FAX 03-3814-6968
（営業）電話 03-3814-6861／FAX 03-3814-6854
堀内印刷所・松岳社

ISBN978-4-326-55083-8　　Printed in Japan

＊落丁本・乱丁本はお取替いたします。
ご感想・お問い合わせは小社ホームページから
お願いいたします。
https://www.keisoshobo.co.jp